Anton Rudolf Dostal

Nie mehr wieder *einen* Auftrag!

Erschienen im Eigenverlag des Autors

ISBN 978-3-00-025020-0

© DIALOG-PARTNER; 65817 Eppstein/Ts. 2008
Alle Rechte vorbehalten

Printed in Germany

Anton Rudolf Dostal

Nie mehr wieder

einen

Auftrag !

Das Anti-Auftrags-Schwankungs-Buch

1 : 1 – Marketing für Mittelständler

Nie mehr wieder *einen* Auftrag

Das Anti-Auftrags-Schwankungs-Buch

Eine Anleitung zu dauerhaftem Markterfolg mit dem DIALOG-PARTNER-1:1-Marketing-System auf Basis des dynamischen NACHFRAGE-SOG-SYSTEMs©

Einleitung

Waren Sie heute schon auf dem Markt? Wenn nein, dann haben Sie auch heute noch kein Geschäft gemacht! Meine Frau und ich, wir sind absolute Markt-Fans. Verstehen Sie – lieber Leser / liebe Leserin – das bitte wörtlich. Egal wo auf dieser schönen Welt wir auch immer sind, wir suchen wie magisch angezogen den nächsten Markt, den nächsten Markttermin, die nächste Gelegenheit einen Markt zu besuchen. Gemüsemärkte, Krammärkte, Flohmärkte, Jahrmärkte, Regionalmärkte, Weihnachtsmärkte usw. usw.

Da stehen wir dann, wie kleine Kinder, fasziniert vom Tun und Treiben und beobachten die erfolgreichen und die weniger erfolgreichen Marktstände. Stände, die wie ein Magnet das Interesse der vorbeieilenden auf sich ziehen, Stände die von Stammkunden aufgesucht werden, Stände, die von ihren Kunden als Geheimtipp gehandelt werden, Stände, an denen gehandelt werden darf (und soll) und Stände, die zwar ein gutes Warenangebot bieten, aber an denen die Menschen desinteressiert vorbei laufen. Wir beobachten die Strategien der Händler, aber auch die der Kunden und letztere sind oft die interessanteren. Was wollen diese Kunden auf dem Markt: Suchen sie nach den preisgünstigsten Angeboten, wollen sie als Kunde individuell angesprochen werden, wollen sie persönlich bedient werden, decken sie ihren gesamten Bedarf an einem einzigen Stand oder suchen sie nach der frischesten und günstigsten Ware, kaufen sie mit dem *Hirn* oder mit dem *Herzen*?

Wenn Sie – lieber Leser / liebe Leserin – etwas zu verkaufen haben (und wer hat das nicht?), dann kann ich Sie nur auffordern es genauso zu machen. Gönnen Sie sich eine Auszeit in Ihrem ach so wichtigen Geschäftsalltag und gehen Sie mit uns einmal über den Mainzer-Markt rund um den Dom. Jeden Dienstag, Freitag und Samstag können Sie dort echtes Marketing beobachten. Kundenbindung erleben, Erlebnismarketing beobachten, Eventmarketing erleben, jede Art von XY-Selling, Verhandlungstaktiken üben und Verkaufsstrategien erlernen. Sie müssen nur ein bisschen Zeit mitbringen und Augen und Ohren aufmachen. Und mit dem Herzen müssen Sie auch dabei sein, sonst sehen Sie nicht einmal die Hälfte dessen, was da so passiert.

Marketing ist Markt machen

Aber vielleicht wollen Sie sich ja auch zu erst ein bisschen vorbereiten, dann empfehle ich Ihnen das wunderbare Buch „FISH – Ein ungewöhnliches Motivationsbuch" von Stephen C. Lundin e.a. (*14) zu lesen. Das ist die Geschichte von einem Fischmarkt, ein „Gute-Laune-Buch" (Wirtschaftswoche) und eine Liebeserklärung zum Thema Markt. Vielleicht wollen Sie aber auch zu erst dieses Buch lesen oder eines von meinen Seminaren besuchen, die jeden ersten Freitag im Monat stattfinden (so wie ein Markttermin!) und *dann* mit uns zusammen auf den Markt gehen – wie auch immer, die Einladung steht, kommen Sie mit uns, vielleicht können wir Sie anstecken und ebenfalls zu echten Marktfans machen. Ich verspreche Ihnen, dann tut sich Ihnen eine ganz eigene, wunderbare, menschliche Welt auf, aus der man zu allem Überfluss auch noch ganz viel lernen kann für das eigene Verhalten auf unserem ganz eigenen Markt.

Wenn Peter F. Drucker sagte: „Marketing ist Markt machen!" so ist auch das durchaus wörtlich zu verstehen. Wir alle machen uns unseren eigenen Markt selbst, ob wir das nun glauben wollen oder nicht. Für manchen von uns ist das aber eine sehr provokante Erkenntnis und zu dem eine echt harte Nuss. „Ich soll für meinen eigenen Markt verantwortlich sein? Was ist denn dann mit der allgemeinen wirtschaftlichen Entwicklung? Gibt es denn nicht unumstößliche Markttrends? Sind denn die ach so aufgeklärten Kunden nicht an allen negativen Entwicklungen schuld? Und was ist mit „Geiz ist geil"?"

Denn natürlich ist es sehr viel einfacher die Anderen, die Marktleitung, die allgemeinen wirtschaftlichen Verhältnisse und - natürlich - auch die Regierung für den eigenen Markterfolg verantwortlich zu machen. Diese Meinung zu vertreten ist auch sehr kommunikativ, weil man sofort überall ein tolles Gesprächsthema hat. Mit dieser Einstellung ist man sozusagen der Star auf fast allen Verbandssitzungen und hat eine große und sehr treue Fan-Gemeinde. Bringt aber nix!!! Macht weder erfolgreich (außer als Dummschwätzer Nummer Eins) noch bringt es wirklich Geld in die Kasse. Wenn unser Markt kleiner wird - und das ist in vielen Bereichen heute so - dann müssen wir entweder darauf achten, dass wir durch Kundenbegeisterung ein etwas größeres Stück von dem kleiner werdenden Kuchen abbekommen oder wir müssen uns eine Marktnische suchen, auf der wir uns ein Alleinstellungsmerkmal (USP) erarbeiten, welches uns für unsere Kunden in der Menge der Marktanbieter als speziellen Problemlöser erkennbar macht.

Über dieses Buch und über mich

Dieses Buch, welches ich „Anti-Auftrags-Schwankungs-Buch" getauft habe, wird Ihnen eine gute Anleitung zum Thema Marketing für **K**leine und **M**ittelständig **U**nternehmen (KMU) geben. Deshalb ist es thematisch so aufgebaut, dass es Sie – lieber Leser/liebe Leserin – quasi an die Hand nimmt und von der Gewinnung der ersten Interessentenadressen bis zur langfristigen Begeisterung Ihrer Stammkunden Schritt für Schritt über Ihren eigenen Markt führt und für jeden dieser Bereiche eigene Taktiken, Vorgehensweisen und Tools (Werkzeuge) bietet. Es erhebt keinen Anspruch auf Vollständigkeit und seine Inhalte sind auch keine Erfindung oder Entwicklung von mir.

Vielmehr bedienen wir uns Strategien, Methoden und Medien, die als erfolgreich von unseren Beratungskunden getestet wurden und sich auf dem Markt bewährt haben. So beruht das gesamte System auf dem von Horst-Sven Berger in den 80er Jahren entwickelte und bei – bisher - mehr als 10.000 Teilnehmern erfolgreich angewanden „NACHFRAGE-SOG-SYSTEM©" (NFS). Ich habe Herrn Berger Anfang der 90er Jahre über den Kreis der EKS© (eine von Prof. Wolfgang Mewes aus Frankfurt am Main entwickelte Unternehmensstrategie) kennen gelernt und war sofort von seiner Marketing-Methode begeistert. Sie ist ein ganz praktisches und leicht nachvollziehbares Instrument um langfristig auf dem Markt zu bestehen. Und zwar ohne Auftragsschwankungen.

Später hatte ich dann die Gelegenheit als Kooperationspartner zu Herrn Berger und in seine Seminare dazu zu kommen und habe ihm sieben Jahre lang als Koreferent in seinem damals schon monatlich in Königstein im Taunus stattfindenden dreitägigen Seminar und bei vielen Vorträgen und Inhouse-Schulungen, auch für Verbände und Marketing-Verbindungen, zur Seite gestanden und diese mitmoderiert. Ich habe also sozusagen 14 Semester NFS studiert und durfte in vielen Umsetzungsbetreuungen in den Betrieben sehen und erleben, was funktioniert und was nicht. Bevor ich mit Herrn Berger zusammengewachsen bin, habe ich Verkaufsargumentationstraining und Messetrainings für die Büromöbel- und Schulmöbelindustrie gemacht und schon damals meine Liebe für den Markt entdeckt, denn das Messegeschehen ist auch nichts anderes als ein großer, meist sehr spezieller Markt.

Nie wieder einen Auftrag

Lassen Sie sich also von mir jetzt durch die wunderbare und erlebnisreiche Welt Ihres kleinen (oder großen?) Marktes führen. Als erstes wünsche ich Ihnen, dass Sie nie wieder in Ihrem Leben *einen* Auftrag bekommen *wollen*!!! Warum? Nun, das werde ich in einem der nächsten Kapitel gerne für Sie auflösen, aber bis dahin müssen Sie schon ein bisschen gespannt sein, was ich damit wirklich meine. Sie dürfen sich auch nicht an meiner manchmal etwas provokanten Art zu schreiben stören (oder doch?). Ich kann nun einmal Langeweile nicht leiden und deshalb ist dieses Buch genauso geschrieben, wie ich meine Vorträge halte, nämlich zum Mitdenken, Nachdenken und auch manchmal zum Schmunzeln und Lachen über die eigenen, ganz menschlichen Schwächen unseres Seins.

Zu alledem ist dieses Buch voller Beispiele darüber wie erfolgreiche DIALOG-PARTNER-1:1-Marketing-System - Anwender auf dem Markt agieren und hie und da gibt es auch einmal ein Negativbeispiel um zu verdeutlichen, wo uns falsche Glaubenssätze hinführen, wie zum Beispiel die allseits bekannten drei wichtigsten Grundsätze „guter deutscher" Vereins- und Verbands-Führung, die da lauten:

1. das haben wir schon immer so gemacht,
2. das haben wir ja noch nie so gemacht und
3. wo kämen wir denn da hin, wenn wir das heute alles anders machen würden!

(Ja, ja ich weiß schon, es gibt noch einen vierten: Wenn der recht hätte, dann hätten wir früher ja alles falsch gemacht!
Nee, früher war halt früher, ist vorbei und kommt ganz gewiss nicht wieder!!!)

Viel Spaß beim Lesen und viel Erfolg auf Ihrem Markt wünscht Ihnen

Ihr DIALOG-PARTNER

Anton Dostal

Inhaltsverzeichnis

Einleitung   Seite

Kapitel 1
❖ Die Marketing Grundlagen   13

Kapitel 2
❖ Der Markt   28
❖ Die Strategie   38
❖ Warum ist es so schwer zu den
  Kunden vorzudringen?   45
❖ Die Kundenorientierung   51
❖ Das Konzept   56

Kapitel 3
❖ Das Nachfrage-Sog-System   69
  ➢ in 5 Schritten von der
    Zielgruppen-Adresse zum
    Stammkunden
❖ Die 3 Verstärker des Nachfrage-
  Sog-Systems   83
  ➢ Klare Unternehmensziele
    formulieren   83
  ➢ Zielgruppen- und Kunden-
    Transparenz schaffen   87
  ➢ Leistungen wirksamer
    präsentieren   93

Kapitel 4
❖ Die 7 Schritte zur Umsetzung   97
  ➢ Kunden-Datenbank einrichten   97
  ➢ Marktanalyse als Vorbereitung
    zum Erstkontakt   104
  ➢ Erstkontakte schaffen (ZG)   108
  ➢ Ausführlich informieren (WI)   126

- ➤ Nachfassen bis zum Beratungstermin (KI) — 135
- ➤ Persönlich beraten und kalkulieren (EK) — 142

❖ Die 5 Phasen der aktiven Beratung — 144

Kapitel 5
❖ Der Weg zum Stammkunden — 191

Kapitel 6
❖ Das Nachfrage-Sog-System und seine Bedeutung für die Mitarbeiter — 201

Kapitel 7
❖ Das DIALOG-PARTNER 1:1-Marketings-System — 216
❖ Die Engpass-Schnellanalyse — 218

❖ **Wie geht es weiter?** — 230
Nachwort — 230

Literaturhinweis — 231

Kapitel 1

Die Marketing-Grundlagen

In diesem Kapitel betrachten wir ein paar grundlegende Erkenntnisse und Regeln, die wir beachten müssen, bevor wir auf den Markt gehen. Wer sind diese Kunden da draußen und was erwarten sie wirklich von uns? Ist es unsere Ware? Wenn ja, wie wollen sie diese präsentiert bekommen? Genügt es einen guten Preis zu machen? Was ist ein guter Preis? Worauf achten die Kunden denn noch?

„Marketing ist Denken und Handeln aus Sicht der Kunden!"

O.k., Herr Peter F. Drucker, aber wer kann das schon? Na, ganz einfach: Wir alle sind doch jeden Tag Kunden. Schauen wir einfach einmal morgens in den Spiegel: Da stehen wir, Brille auf der Nase = Kunde beim Optiker, Haare auf dem Kopf = Kunde beim Frisör, Klamotten an = Kunde der Konfektionsindustrie usw. usw. Da können wir uns doch eigentlich gleich jeden Morgen die „Spiegelfrage" stellen: „Wie möchte ich als Kunde denn gerne heute behandelt werden?" So, und das übertragen wir dann auf unsere Handlungsweise unseren Kunden gegenüber. Verstanden? Na gut, dann können Sie jetzt eigentlich aufhören zu lesen und sich wieder auf Ihren ganz persönlichen, jetzt nicht mehr zu bremsenden Erfolg konzentrieren. Denn was anderes werden Sie in diesem Buch auch nicht erfahren.

Falls Sie aber doch den einen oder anderen Zweifel haben, bitte weiter lesen. Seit Jahren bekommen wir in allen ernsthaften Publikationen und von allen Marketing-Gurus dieser Welt erzählt, dass es jetzt eine neue Denkrichtung im Marketing, bei der Marktbearbeitung und in der Betriebswirtschaftslehre gibt.

Anbieterdenken vermeiden

Leider ist das aber anscheinend weder in die meisten Hochschulen und Fachhochschulen für BWL noch in die meisten Unternehmen vorgedrungen. Denn alle – auch die allerneuesten – Marktuntersuchungen besagen genau das Gegen-teil. Ergebnis Nummer eins ist jedes Mal: Der Kunde wünscht sich, dass seine Wünsche und Erwartungen erfüllt werden. Das käme doch nicht so häufig, wenn es schon so wäre. Oder?

Nach wie vor herrscht immer noch viel zu viel Anbieter-Denken. Wir denken zu viel in Produkten und sind zu oft fasziniert von den technischen Möglichkeiten. Aber wer denkt denn bei der Faszination des Machbaren daran, ob das nachher auch wirklich kundengerecht ist? Wer von uns kann denn heute noch wirklich annähernd alle Funktionen seines Handys nutzen? Oder wer ist denn heutzutage noch in der Lage seine Unterhaltungselektronik zu programmieren? Ist das alles wirklich ein Abbild *unserer* Wünsche und Bedürfnisse?

Kundenbefragung zu Qualitätsmerkmalen

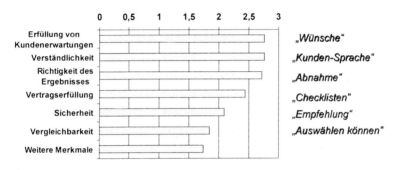

© Copyright 2004*DIALOG-PARTNER-ANTON-DOSTAL*D-65817 Eppstein

Und nachher wundern wir uns dann, dass der ganze Krempel (oh, Entschuldigung, ich meinte natürlich ihre wertvollen, topdesignten Produkte) so schwer an den Mann und an die Frau zu bringen ist. Oder stimmt es wirklich, wenn Edgar K. Geffroy schreibt: „Das einzige, was stört, ist der Kunde" (* 1) In seinem ausgezeichneten Buch über das „Clienting", wie er es nennt, können wir wirklich sehr viel über Kundenbeziehungen lernen.

Wann fangen wir endlich an aus Kundensicht zu denken? Da wir doch alle dauernd Kunden sind, müsste das doch soooo einfach sein.

Der Grund dafür liegt wahrscheinlich auch in unser aller Ausbildung. Wir alle haben eine berufliche Kompetenz, die zwei Seiten hat, die fachliche Kompetenz und die kommunikative

Kompetenz. Fachlich werden wir ausgebildet bis unter die Hutschnur, das bedeutet: Oft über das Fassungsvermögen unseres Schädels hinaus. Aber wer hat in seiner Ausbildung schon einmal einen Zuhörkurs belegt, wer lernt in der Meisterschule den Bedarf des Kunden richtig zu ermitteln und zwar aus Kundensicht, das heißt unter Einbeziehung der Herzenswünsche der Kunden, wer bekommt in seinem Studium einen Kurs für *kundengerechtes Präsentieren* oder *Kunden-Nutzendarstellung* angeboten? All diese Kurse gibt es. Nur müssen wir sie uns nach Abschluss unserer Ausbildung mühsam selbst zusammensuchen, sonst gehen wir später auf dem Markt kläglich baden – die Pleitewelle lässt grüßen! Wenn wir nämlich all unsere fachlichen Ausbildungsweisheiten nachher auf den Kunden loslassen, dann klagt dieser: „Fachidiot schlägt Kunden tot!"

Fünf Kriterien der Kundenzufriedenheit

Bei einem Markttest, den ich im Juli 2006 für einen Kunden gemacht habe, habe ich mich auf einer Internetadresse für Holzhaus-Vermarktung eingetragen. Danach bekam ich 14 DIN A 4-Kuverts mit zusammen 5,7 kg Papier. Zum Teil hochwertigste Holzhaus-Broschüren, die wirklich viel Geld gekostet haben. Dann mehrere E-Mails und Telefonanrufe. Bei wirklich ernsthaftem Interesse hätte ich jetzt eigentlich mindestens eine Woche Urlaub machen müssen, um diesen Wust an Informationen wenigstens zu sortieren. Ein wirklich gut ausgebildeter „Fachmann" erzählte mir zum Beispiel am Telefon, als ich das Reizwort „Energieeinsparung" fallen lies, ca. 20 Minuten lang, welche Wandstärke ich für welchen Wärme-Wert benötige. Danach war mir schwindelig. Obwohl ich schon seit 18 Jahren für Zimmerer ar-beite und eigentlich weiß, wovon er gesprochen hat.

Ja, super! Wenn das so kompliziert ist, dann lasse ich als Kunde das Ganze doch lieber gleich sein. Schließlich wollen die ja nachher auch noch Geld für den ganzen Kram von mit haben!?! Einer – wirklich und wahrhaftig nur ein einziger – hat mich *vor* der Katalogversendung angerufen und gefragt, was ich denn bauen wolle, wann und wie viel Leute da nachher einziehen wollen und wie und warum ich denn überhaupt auf die Idee gekommen bin, mir ein Holzhaus zu bauen.

Wie oben schon angedeutet, kommt bei allen Marktuntersuchungen der letzten 20 Jahre immer wieder das selbe heraus. Die Kunden wünschen sich erstens, dass ihre Wünsche und Erwartungen erfüllt werden. Zweitens wollen sie, dass wir ihre Sprache sprechen, sie wollen verstehen, was sie da kaufen. Wir aber ziehen uns allzu gerne auf unser angestammtes Fachwissen und das oft damit verbundene Fach-Chinesisch zurück. Warum? Ganz einfach, wenn uns der Kunde mit „dummen" Fragen in die Enge treibt, dann haben wir hier natürlich ein Areal, eine Schutzzone sozusagen, auf die wir uns zurückziehen können und dann können wir den Frager erst mal richtig platt machen. Nur leider hat dieser „unangenehme Kunde" so ein Macht-Instrument in seiner Tasche und das zieht er dann heraus und hält es uns unter die Nase. Sie ahnen schon was das ist? Ja genau, das ist seine Geld-börse! „Wenn das schon alles so kompliziert ist, dann will ich wenigstens einen guten Preis haben!" Merken Sie was? Wer könnte – nur vielleicht – jetzt außer dem Kunden noch Schuld daran haben?

Drittens will der Kunde, dass am Ende alles so ist, wie er es bestellt hat. Und das sollen wir am Besten auch noch beweisen. Im Handwerk nennt man so etwas Abnahme. Da muss man dann als Kunde am Schluss unterschreiben, dass die erbrachte Leistung mit der Bestellung übereinstimmt. Nur ist das für die Kunden nicht immer so leicht durchschaubar. Deshalb machen schon alle Handwerker sich das bisschen Mehrarbeit und machen mit den Kunden immer mehrere Zwischenabnahmen, so dass die Kunden auch sehen, wie sich die Leistung zusammensetzt und nicht nachher an allem herum nörgeln, weil sie gar nicht richtig wissen, wie die Leistung entstanden ist, und deshalb dann den Preis nicht verstehen. Wie denn? Sie kennen solche Handwerker nicht? Na so was, das ist aber seltsam!

Viertens will der Kunde *im Vorfeld* der Auftragsvergabe gerne die Sicherheit haben, dass wir das, was wir ihm anbieten auch liefern können. Dass wirklich das heraus kommt, was er bei uns bestellt. Das ist die Geburtsstunde aller Zertifizierungen, Qualitätssiegel, Verbandsmitgliedschaften, Gütezeichen usw. Aber auch der Grund dafür, warum wir wie von einer magischen Kraft getrieben alle Referenzobjekte und –beispiele sammeln und dokumentieren. Über jedes gelungene Projekt einen Zeitungsbericht initiieren oder Rundfunk und Fernsehen auf unsere Musterprojekte aufmerksam machen. Man nennt das PR (Public Relations) oder Profilierung oder Branding oder oder... Wichtig ist jedenfalls, dass wir es schaffen, dass unser Name (Firmenname) für eine bestimmte Leistung wie ein

Markenzeichen erscheint. Große Firmen und Konzerne geben für so ein Branding heute viele Millionen aus. Wir können das nicht. Aber, dass das auch im Kleinen möglich ist, zeigen die vielen Beispiele kleiner deutscher Firmen, die es durch hohe Spezialisierung und Kundenorientierung geschafft haben, Marktführer, ja sogar Weltmarktführer, zu werden.

Wenn wir vorhaben für eine bestimmte Leistung bei einer bestimmten Zielgruppe in einer bestimmten Region Marktführer zu werden, dann müssen wir es schaffen, in den Gehirnen unserer Interessenten und Kunden „Marken-Logenplätze" zu erhalten. Warum? Dr. Hans–Georg Häusel zeigt uns in seinem Buch „Brain-Script" (*2), dass es den rationalen und bewussten Konsumenten gar nicht gibt. Wir alle treffen unsere Kaufentscheidungen zu weit über 70% unbewusst oder wie wir wissenschaftlich weniger Gebildeten wahrscheinlich sagen würden: „aus dem Bauch heraus". Das ist nun mal der neueste Stand der Wissenschaft, sprich: der Gehirnforschung. Nun kann man das glauben oder nicht. Die einen streiten sich noch herum, ob sie das so oder so verstehen wollen, und wir machen in der Zwischenzeit mit diesen Erkenntnissen der letzten 30 Jahre Gehirnforschung unser Geschäft auf dem Markt und zwar zum Nutzen unserer Kunden.

Als fünftes entscheidendes Kriterium der Kundenwünsche betrachten wir die Vergleichbarkeit. Wir alle wollen vergleichen können. Das ist so zu sagen in unserem Gehirn eingebaut. Nun wende ich mich einmal an die Leserinnen: stellen Sie – meine Damen – sich doch einmal vor, sie kommen in ein fachlich hervorragendes Schuhfachgeschäft. Dort werden sie von einer fachlich topgeschulten und hervorragend ausgebildeten Schuhfachverkäuferin sehr freundlich und fachlich korrekt bedient. Diese misst ihre Füße mittels eines neuartigen elektronischen Computermesssystems, auf der Basis der allerneuesten fachlich anerkannten und wissenschaftlichen Erkenntnisse über den menschlichen Bewegungsablauf beim Laufen und den wissenschaftlich abgesicherten ergonomischen Erkenntnissen des menschlichen Bewegungsapparates. Danach macht sie mit ihrem Computer noch eine genaue Typanalyse von ihnen, auf Basis der wissenschaftlich anerkannten biometrischen Typlehre nach Prof. Dr. Dr. Jedermann, geht danach in das Lager und holt ein (1) Paar Schuhe. Dieses eine, einzige Paar Schuhe, so sagt sie Ihnen, ist Ihr idealer Schuh, der passt sowohl zu ihren Füßen als auch in Farbe und Aussehen zu ihrem Typ. Und dann bittet sie Sie zur Kasse. Super, nicht wahr!?! Also ich würde ihnen unbedingt raten ihre Schuhe nur noch in so einem Wahnsinns-*Fach*-Geschäft zu kaufen – oder?

Spaß bei Seite: Wer von uns liebt schon diese „Vogel-friss-oder-stirb-Methode"? Und trotzdem wird sie nach wie vor von den allermeisten „Fachleute" immer noch angewendet. Dabei wissen wir es längst besser: Autos, Heimelektronik, Kleidung, Schuhe, Lebensmittel, der gesamte Heimwerkermarkt usw. alles, was wir von Verkäufern offeriert bekommen wird heute nach der „Du-darfst-auswählen-Methode" verkauft. Nur wenn wir „echte Fachleute" ranlassen, dann bekommen wir ein (1) Angebot und werden gezwungen uns mehrere Gegenangebote wo anders zu holen. Es gibt dann natürlich noch viele Wünsche und Erwartungen, aber das sind die fünf wichtigsten und meistens auch am höchsten bewerteten. Marketing ist also:

„Eine Denkhaltung, welche die Wünsche, den Nutzen und den tatsächlichen Bedarf der Kunden in den Mittelpunkt der Betrachtung der Kunden und der Aktivitäten unseres Unternehmens stellt".

Tolles Zitat, aber was heißt das genau? Wir sollen unsere Kunden und Interessenten mit anderen Augen sehen wie bisher. Nicht von der Anbieterseite, wir sollen so zu sagen die Kundenbrille aufsetzen, wenn wir den Kunden betrachten. Was will dieser Mensch, der uns da gegenüber steht, denn nun wirklich haben.

Übrigens, ein fataler Fehler, der immer wieder im B to B-Geschäft (business to business) gemacht wird. Wir versuchen einer Firma etwas zu verkaufen!?! Geht nicht. Die sitzt voller

Der Weg zur Kundenzufriedenheit
Markt – Strategie – Konzept

„Marketing ist eine Denkhaltung,
welche
die Wünsche, den Nutzen und den
Bedarf der Kunden
in den Mittelpunkt der
Betrachtung des Kunden
und der Aktivitäten des Betriebes stellt!"

© Copyright 2004*DIALOG-PARTNER-ANTON-DOSTAL*D-65817 Eppstein

Menschen und einer/eine davon entscheidet dann meistens darüber, ob er oder sie mit uns ins Geschäft kommen will - manchmal auch ein Team. Aber Vorsicht: Die haben dann auch immer einen Entscheider oder Meinungsmacher!

Leider wissen die Kunden manchmal nicht so genau was sie wirklich haben wollen oder wie sie es tatsächlich haben wollen. Aber das liegt dann auch immer an uns, denn dann kennen sie unser Leistungsangebot noch nicht richtig und dann ist es natürlich unsere Pflicht sie ausreichend zu informieren, damit sie sich richtig und zu ihrem Nutzen entscheiden können. Da ist es wieder dieses Wort von vorhin „Nutzen".

In den siebziger Jahren hat ein Wirtschaftswissenschaftler aus Frankfurt namens Wolfgang Mewes eine Unternehmens-Strategie

entwickelt, die mittlerweile international als eine der erfolgreichsten auf der ganzen Welt gilt. Er hat sie EKS© genannt, was ursprünglich einmal Energo-Kybernetische-Strategie hieß. Weil sich das aber niemand behalten konnte, heißt sie heute – kundenorientierter – Engpass-Konzentrierte-Strategie.
Prof. Mewes hat damals auf der Basis wissenschaftlicher Forschung tausende von beruflichen und betrieblichen Karrieren untersucht und ist zu dem Schluss gekommen, dass derjenige sich am besten und am schnellsten entwickelt, der im Einklang mit den Energiegesetzen seiner Umwelt ist. Das hatte vor ihm schon der Herr Darwin entdeckt, jetzt aber konnte man diese Erkenntnis auch auf die wirtschaftlichen Verhältnisse übertragen. (*3) Aus

Was sind die 7 Phasen der EKS ?

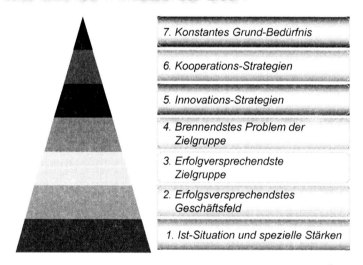

diesen Erkenntnissen hat Prof. Mewes dann seine EKS©-Lehre entwickelt und zeigt uns wie wir in sieben Schritten von der Analyse der eigenen Stärken bis zur Orientierung auf das konstante Grund-bedürfnis durch die strategische Ausrichtung unseres Denkens und Handelns „schlagartig mehr Anziehungskraft gewinnen und geradezu grenzenlos wachsen können" (Prof. W. Mewes).

Entscheidend ist: Mehr Nutzen für den Kunden

Viele Beispiele von äußerst erfolgreichen EKS©-Anwendern wie Kärcher, ADAC, Würth, Schlecker etc. zeigen uns heute, dass er Recht hat. Was aber ist denn nun das Geheimnis dieser Strategielehre?

Nun, es ist wie viele wirklich erfolgreiche Dinge in unserem Le-

ben erstaunlich einfach: Es ist die Konzentration auf den Nutzen des Kunden. Prof. Mewes hat schon damals nachgewiesen, dass die Basis jeder wirklichen Erfolgsspirale die Konzentration auf den von den Kunden am dringendsten empfundenen Engpass ist. In diesem Buch wird Ihnen, liebe Leserin, lieber Leser die **E**ngpass-**K**onzentrierte-**S**trategie auf Schritt und Tritt begegnen, denn unser Marketingsystem baut auf genau dieser Erkenntnis auf.

Der Schlüssel zum langfristigen Erfolg ist die Kundenzufriedenheit!

Ja, ja, das wissen wir doch schon längst. Die Frage ist allerdings, was wir aus dieser Erkenntnis machen, und ob das heute überhaupt noch reicht? Kundenzufriedenheit ist mittlerweile so ein Schlagwort wie Bio geworden. Jeder benutzt es, keiner weiß so recht, was wirklich dahinter steckt, und niemand glaubt mehr wirklich an die Ernsthaftigkeit der Aussage. Wann ist er denn wirklich zufrieden, dieser Kunde? Genügt es, wenn ich ihm genau das liefere, was er wörtlich bestellt hat oder will er mehr? Will er vielleicht sogar von unserer Leistung begeistert sein, wie uns das manche Marketing- und Verkaufstrainer suggerieren?

In einem Vortrag des Zukunftsforschers Mag. Christian Hehenberger aus Oberösterreich, im Januar 2006 auf der Bildungswoche der österreichischen Zimmerer in Alpbach/Tirol habe ich sogar erfahren, dass nur die langfristig überleben werden, die es schaffen, so genannte Kunden-Fanclubs zu schaffen. Was soll denn dieser Aufwand, es muss doch ge-nügen, wenn wir unsere Arbeit reklamationsfrei abliefern – oder?

Das muss natürlich jeder für sich selbst entscheiden. Aber Tatsache ist es nun mal, dass, wenn wir unsere Arbeit so abliefern, wie das alle tun, wir auch genauso bewertet werden wie alle und wir dann dem entsprechend von unseren Kunden nur an unseren Preisen gemessen und unterschieden werden können. Wer das will – ok, der wird Discounter.

Für alle anderen gilt: Es lohnt sich schon, wenn wir uns ein wenig mehr bemühen. Denn diese Mehr-Bemühungen, vorausgesetzt sie sind kundenorientiert und werden von den Kunden erkannt, werden dann auch von diesen belohnt. Zum Beispiel durch kontinuierliche Folgeaufträge, die dann meist bessere Preise bringen, weil die Vertrauensbasis höher ist. Wir haben weniger Auftragsbeschaffungskosten und bekommen, was vielleicht mit das

Wichtigste ist, Zufriedenheitsempfehlungen. Welche wir dann nur noch bei unseren Kunden-Fans abzuholen brauchen. *Wir* nennen das dann Sog-Marketing:

„Durch kundenorientierte Plus-Leistungen, die von den Kunden erkannt und anerkannt werden auf dem Markt einen Sog ausüben, der auf andere ansteckend wirkt, und in einer Spirale der Kunden-Begeisterung mündet."

Das Nachfrage-Sog-System
Der Weg zum Stammkunden

Kontinuierliche Auftragsauslastung mit dem Nachfrage-Sog-System©

In Ungewissheit und mit Nachfrage-Schwankungen ein Wechselbad von zu wenig oder zu viel Aufträgen erleben?

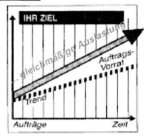

... oder systematisch einen Auftrags-Vorrat mit Abruf-System aufbauen!

„Krisen meistert man am besten, indem man ihnen zuvorkommt!"

© Copyright 2004*DIALOG-PARTNER-ANTON-DOSTAL*D-65817 Eppstein

Auftragsschwankungen vermeiden

Horst-Sven Berger hat aus dieser Erkenntnis schon 1985 ein Marketing-System entwickelt und es folgerichtig NACH-FRAGE-SOG-SYSTEM (NFS) genannt (www.promoter.de). Er erkannte damals, dass nur der eine Berechtigung hat auf dem Markt zu bestehen, der sich etwas mehr Mühe macht und seinen

Kunden und Interessenten seine Leistung bildhaft und für den Kunden nachvollziehbar offeriert.

Da das aber nur funktioniert, wenn wir schrittweise vorgehen, wenn wir zudem unser ganzes Unternehmen auf dieses Ziel ausrichten und wir immer und immer wieder auf unsere Kunden zugehen, damit wir langfristig Stammkunden bekommen und behalten, ist das wahrscheinlich wichtigste Wort an dem NFS das letzte, also „System".

Einer der wichtigsten Engpässe in den meisten Unternehmungen sind auch heute noch die Auftragsschwankungen. In einem ständigen Wechselbad von zu viel Aufträgen und dann wieder Auftragslöchern werden nicht allzu selten die Unternehmensgewinne schlicht und einfach aufgefressen. Zuerst die Gewinne, dann die Substanz. Das Auftragslöcher teuer sind, ist eigentlich jedem klar. Aber wie sieht das denn aus, wenn wir zu viel Arbeit haben? Durch Beobachtung über viele Jahre und bei vielen Betrieben haben wir erkannt, dass das mindestens genauso teuer ist. Wenn nicht sogar noch teurer als die Löcher. Wann werden denn die Fehler haufenweise gemacht? Richtig, unter Zeitdruck! Und das kostete nachher nicht nur Geld, sondern oft auch Kunden und noch schlimmer Empfehlungen. Wir wissen ja, ein zufriedener Kunde empfiehlt etwa 3-mal, ein unzufriedener redet etwa 7 bis 12-mal darüber. Nur, wollen wir diese Art der „Empfehlung" haben? Wohl kaum.

In vielen, vielen Beispielen aus der Praxis konnte inzwischen nachgewiesen werden, dass der Fehler, der zu diesen Auftragsschwankungen führt, darin liegt, dass Unternehmen zwar heute schon eine gute Auftragsabwicklungsplanung haben, aber keine oder nur einen ungenügende Auftragsbeschaffungsplanung. Und genau diese - exakt und kontinuierlich durchgeführt - bringt erst den langfristigen Erfolg. (* 4)

Wir sind in der Lage einen Auftragsvorrat aufzubauen, der zur langfristigen Absicherung des Unternehmens beiträgt, nach dem Motto: „Krisen meistert man am besten, in dem man ihnen zuvorkommt!"

Auftragsvorrat? Geht das denn? *Ja!* Aber bitte nicht falsch verstehen, das sind keine unterschriebenen Aufträge, denn die drücken schon wieder im Terminplan. Das sind Auftragssignale die wir sammeln so wie in einer Schublade, die wir dann im Bedarfsfall – wenn sich am Horizont ein Auftragsloch abzeichnet – aufmachen und ruck zuck Aufträge daraus machen können, um diese dann genau in das sich abzeichnende Loch hineinzustopfen. Wie wir das machen, dass schauen wir uns in diesem Buch noch sehr genau an. Es ist viel einfacher als man zuerst denkt. Aber man muss es sehr konsequent machen. Und das macht es dann doch ein bisschen aufwändiger als nur auf Aufträge und Kunden zu warten.

Kapitel 2

In diesem Kapitel wollen wir uns ansehen, was uns auf dem Markt so alles erwartet, warum Kunden oft an unserem wunderschönen und mit viel liebe dekorierten Marktstand vorbeilaufen anstatt stehen zu bleiben und unser Angebot zu bestaunen, obwohl wir es doch so liebevoll gestaltete haben, dass es uns ganz besonders gut gefällt. Und wir wollen unsere Kunden fragen, was sie denn eigentlich wirklich von uns wollen.

Der Markt

Bevor wir hinausgehen und uns auf den Markt stellen, schauen wir uns zuerst einmal an, wie er denn aussieht, unser Markt. Wir machen also eine „Marktanalyse". Aber wir machen sie nicht so, wie das „ordentliche" Marktanalysten machen, also mit jeder Menge betriebs-wirtschaftlicher und -wissenschaftlicher Zahlen. Wir schauen uns einfach einmal die Kunden an, die so auf unserem ganz eigenen Markt herumlaufen. Da die meisten von uns schon ein Geschäft haben, können wir zuerst einmal nachschauen, welche Kunden wir jetzt schon haben. Da sehen wir in unserer Kundendatenbank einmal nach, wer unsere Firma schon jetzt bevorzugt. Was sind das für Menschen, wer sind unsere wichtigsten Kunden, was wissen wir schon jetzt über sie, welche besonderen Leistungen rufen diese bei uns ab und welchen besonderen Nutzen bieten wir diesen Kunden denn jetzt schon?

Das ist schon ein bisschen Arbeit, aber glauben Sie mir die lohnt sich. Da hat der Inhaber einer größeren Druckerei aus Frankfurt am Main nach dem Besuch unseres Seminars sich der Mühe unterzogen und mit einem Mitarbeiter aus der Kundenbetreuung zusammen alle Kundenadressen einmal klassifiziert nach der Einteilung im Nachfrage-Sog-System und dabei haben sie dann festgestellt, dass sie schon bei drei Kundengruppen Marktführer waren. Was ihnen vorher gar nicht bewusst war.

Jetzt brauchen sie sich eigentlich nur noch besser auf die Bedürfnisse dieser Zielgruppen einzustellen und ab geht die Post. Der nächste Schritt ist dann, dass wir versuchen unsere Kunden zu Gruppen zusammen zu fassen. Ob wir die dann nachher Kundengruppen oder Zielgruppen (nachfolgend ZG genannt) nennen ist individuell.

Der Weg zur Kundenzufriedenheit
Markt – Strategie – Konzept

Marktanalyse
› **Welche Kunden haben wir schon?**

In der Kundendatenbank nachsehen:

- ❖ **Wer sind unsere wichtigsten Kunden?**
- ❖ **Was wissen wir über sie?**
- ❖ **Welche Leistungen rufen diese ab?**
- ❖ **Welchen besonderen Nutzen bieten wir diesen Kunden?**

© Copyright 2004*DIALOG-PARTNER-ANTON-DOSTAL*D-65817 Eppstein

Wichtig ist nur, dass wir erkennen, welche gemeinsamen Merkmale diese Kunden haben. Das können bestimmte Interessen sein, bestimmte Berufe, das können bestimmte Altersgruppen sein. In jedem Fall wird es aber eine Kombination aus mehreren Merkmalen. Im B to B-Geschäft kommt die Betriebsgröße hinzu oder ob unsere Kunden selbst vielleicht schon eine bestimmte Spezialisierung haben. Wir werden uns mit diesem Thema (Zielgruppenselektion) in diesem Kapitel später noch sehr viel ausführlicher beschäftigen. Hier wollen wir zu erst einmal feststellen, wer unsere Firma schon jetzt bevorzugt.

Dahinter steckt die Erkenntnis, dass wir durch unser Verhalten, durch die Art, wie wir auf dem Markt auftreten Signale aussenden, die unsere Kunden erkennen, die uns aber sehr oft selbst erst einmal nicht bewusst sind. Unsere Kunden aber registrieren das und dadurch bekommen wir ganz automatisch ganz bestimmte Kunden, mit ganz bestimmten Merkmalen - und es ist wichtig, dass wir diese erkennen.

Welcher Kunde passt zu uns?

Ein Beispiel soll uns zeigen, was damit gemeint ist. Wir nehmen einmal an, wir besitzen ein Ladengeschäft mit einem schönen großen Schaufenster. Weil uns die Farbe Blau so gut gefällt, dekorieren wir unser Fenster immer in vielen schönen Blautönen, mit frischen Blumen und vielen Dekorartikeln aus Holz und Stein. Wir haben langsam, aber sicher einen bestimmten Kundenstamm aufgebaut und unser Geschäft läuft gut, aber nicht unbedingt berauschend. Nach einiger Zeit lesen wir ein Buch oder besuchen ein Seminar über modernes, gehirngerechtes Marketing nach den allerneusten Erkenntnissen der Markt- und Gehirnforschung. Da erkennen wir dann völlig überrascht, dass „blaue Kunden" nicht sehr progressiv sind, eher bodenständig, preisbewusst, sparsam, also so richtige ALDI-Typen.

Na, das kann kein Mensch gebrauchen, denken wir, rennen in unseren Laden und dekorieren um. Jetzt wird unser Schaufenster schnell neu gemacht. Alles rot, mit viel Edelstahlaccessoires, hochwertigste, hochmodern und von einem renommierten Designer voll durchgestylt. Denn wir haben ja gelernt, darauf stehen die progressiven Typen, die die nicht so aufs Geld schauen und nicht jeden Euro zweimal 'rumdrehen. Und weil uns diese Zielgruppe sehr viel Erfolg versprechender erscheint, wollen wir uns natürlich jetzt auf die konzentrieren.

Tja, und von diesem Tag an haben wir permanent Ärger mit der Kundschaft. Waren unsere alten Kunden treu und relativ anspruchslos, so sind die neuen dauernd am rumnörgeln. Nix kann man ihnen recht machen, sie wollen am liebsten mit ihren schnittigen Sportwagen direkt ins Geschäft hineinfahren, beschweren sich bei uns, dass wir nicht genug Parkplätze haben, wollen dauernd irgendwie einen Sonderstatus haben und am liebsten wäre ihnen wahrscheinlich, wenn wir ihnen das Zeug auch noch heimfahren würden.

Mit einem Wort: „Die passen einfach nicht zu uns!" Verstehen sie – liebe Leserin / lieber Leser – was ich meine? Wir müssen uns schon tunlichst anschauen, mit wem wir eine langfristige Beziehung eingehen wollen. Das gilt nicht nur im privaten Leben. So mancher äußerlich attraktive Wunschpartner passt in Wirklichkeit überhaupt nicht zu uns, weil wir selbst eher häuslich, konservativ und von der ruhigen Sorte sind oder genau umgekehrt.

Wir machen uns also zuerst einmal eine „Liste unserer Lieblingskunden". Die analysieren wir dann, stellen bestimmende Merkmale fest und selektieren dann, welche Kunden für uns besonders interessant sind.

Wenn wir dann Kundengruppen oder Zielgruppen herausgefunden haben, mit denen wir „gut können", dann wäre der nächste Schritt nachzusehen, welche von diesen Kunden auch wirtschaftlich für uns interessant sind. Die ganze Liebe zu den Kunden nutzt nämlich gar nichts, wenn diese unsere Leistungen entweder nicht zahlen wollen oder nicht zahlen können. So mancher Beratungskunde von mir hat jahrelang in Frieden und Harmonie mit seinem „Albert-Schweizer-Komplex" gelebt, ist aber nie auf den berühmten „grünen Zweig" gekommen und hat, anstatt sich auf seine Stärken und seine Kunden konzentrieren zu können, einen ständigen Kampf gegen seine mangelhaften wirtschaftlichen Verhältnisse geführt. Das finden wir sehr oft in sozialen oder medizinischen Berufen.

Es ist durchaus ehrenhaft, wenn jemand sich auf seine Fahnen geschrieben hat, anderen Menschen zu helfen und ohne diese Einstellung funktioniert kein soziales System. Aber! Wir sollten tunlichst darauf achten, dass wir nicht am Ende den berühmten „Kürzeren ziehen". Wer pleite ist, kann auch niemandem mehr helfen, so einfach und hart ist die Welt.

Wenn wir dann eine oder mehrere Erfolg versprechenden Zielgruppen herausgefunden haben, bemühen wir uns Zielgruppenbesitzer zu finden. Das sind Menschen, die in unserer Zielgruppe schon zu Hause sind. Auch hierzu Beispiele: wenn wir mit Dächern zu tun haben, dann ist der Schornsteinfeger für uns ein Zielgruppenbesitzer, denn der ist von Berufswegen zwangsläufig dauernd auf allen Dächern. Die Frage ist nur, ob der Bezirksschornsteinfeger unsere Leistungen alle kennt und bereit wäre uns im Bedarfsfall zu empfehlen. Wenn wir Häuser bauen wollen, dann könnte der Bausparkassenrepräsentant für uns ein ZG-Besitzer sein oder der Immobilien-Makler und wenn wir Kfz-Versicherungen verkaufen wollen, das Autohaus oder die Fahrschule usw. Diese ZG-Besitzer brauchen wir später dringend für den Vertrauensaufbau beim Erstkontakt, denn sie sind bei unserer Zielgruppe bekannt und können uns so einen Vertrauensvorschuss besorgen.

Fragen wir doch unsere Kunden

Der nächste Schritt unserer kleinen internen Marktanalyse ist herauszubekommen, wie wir von unseren Kunden heute schon gesehen werden. Was denken die Kunden über die Qualität unserer Leistungen?
Und da gibt es nur einen Weg, an diese Informationen heran zu kommen: Wir müssen fragen. Nun sind Kundenbefrag-ungen nichts Neues und sie gehen einem manchmal schon ein bisschen auf den Geist.

Deshalb ist es sehr wichtig, dass so ein Fragebogen auch ausstrahlt, dass es uns *wirklich* wichtig ist mit der Meinung unserer Kunden, und dass die Kunden erkennen können, dass wir sie wirklich ernst nehmen und bemüht sind ihre Probleme zu lösen. Wir haben die Erfahrung gemacht, dass die richtigen Fragen oft mehr Rücklauf bringen als das Versprechen, dass es für einen zurückgeschickten Fragebogen einen „wertvollen Taschenrechner" gibt.

Der Weg zur Kundenzufriedenheit
Markt – Strategie – Konzept

Marktanalyse

➢ **Wie werden wir von unseren Kunden gesehen?**

Kundenbefragung:

- ❖ **Qualität von Leistung/Dienstleistung**
- ❖ **Qualität der Beratung**
- ❖ **Mitarbeiter-Freundlichkeit/Sauberkeit**
- ❖ **Qualität der Nachbetreuung**

© Copyright 2004*DIALOG-PARTNER-ANTON-DOSTAL*D-65817 Eppstein

Und noch etwas, die meisten Kundenzufriedenheitsbefragungen drehen sich nur um das Thema Auftragsausführung. Das ist aber ungenügend! Wir fragen auch nach der Qualität der Beratung, denn die führt ja schließlich zum Auftrag und zur Preisfindung, wie wir noch später – in diesem Buch - sehen werden. So mancher Interessent, der aus irgendeinem Grund gar nicht unser Kunde geworden ist, zum Beispiel weil die Zeit noch nicht reif war, oder er das Geld noch nicht zusammen hatte, war aber mit der Beratungsleistung schon so zufrieden, dass er/sie uns in den höchsten Tönen lobt und uns empfiehlt.

Warum Menschen so etwas machen, ist übrigens sehr interessant und wird vielfach verkannt. Diese Leute wollen nicht etwa uns etwas Gutes tun, sondern es ist ganz menschlich, dass sie sich selber damit aufwerten wollen. Dass wir jemanden kennen, der eine Leistung bietet, die die anderen noch nicht kennen, macht uns in unserem persönlichen Netzwerk interessanter. Wir geben uns selbst einen „Expertenstatus". Wenn wir uns selbst beobachten, dann werden wir sehen, dass wir das alle machen und zwar öfter als wir denken.

Also, wenn das schon so ist, dann nutzen wir es auch. Aber so eine Kundenzufriedenheitsbefragung fragt auch nach der Freundlichkeit der Mitarbeiter, der Sauberkeit der Baustelle, der Qualität der Nahbetreuung, nach besonderen Kundenwünschen, die unter Umständen erst während des Auftrags aufgetreten sind usw.

Dabei müssen wir aber auch darauf achten, dass wir nicht über das Ziel hinausschießen und am Ende einen 12-seitigen Fragebogen haben. So ein Monstrum kann man nicht versenden. Wenn so eine Megabefragung wirklich für uns existenziell wichtig ist – was durchaus sein kann –, dann müssen wir uns die Zeit nehmen und mit dem Ding zum Kunden fahren und die Aufgabe mit dem Kunden gemeinsam lösen.

Ich kenne einen Maler-Betrieb aus Baden-Württemberg, der sich auf Wohnbaugesellschaften spezialisiert hat. Der hat einen Fragebogen mit 49 Fragen, den er mit den Kunden nach jedem Auftrag gemeinsam durchgeht und das mit sehr großem Erfolg. Der Chef dieser Firma unterrichtet aber auch all seine Kunden permanent davon, welche Verbesserungsmaßnahmen aus den Kundenbefragungen entstanden sind, und hat somit immer wieder Kontakt zu seinen Stammkunden.

Wer bietet ähnliche Leistungen an?

So, jetzt haben wir uns zuerst einmal unseren eigenen kleinen Markt angesehen. Als nächsten Schritt wagen wir uns hinaus auf den großen Markt und sehen, dass wir da gar nicht alleine sind.

Da gibt es jede Menge anderer Anbieter, die die gleichen oder ähnlichen Leistungen anbieten wie wir – unsere Mitbewerber und/oder Konkurrenten. Wenn wir erfolgreich auf dem Markt bestehen wollen, dann müssen wir uns die natürlich auch anschauen. Wer bietet ähnliche Leistungen und wer ist damit erfolgreich? Was machen diese anders als wir?

Ich habe im Laufe meiner Tätigkeit als Berater schon mehr als einen Handwerker erlebt, der mir erzählt hat, dass sein Konkurrent ihn dauernd unterbietet, weil der Dumpingpreise macht, und er jetzt nur zu warten braucht bis der kaputt gegangen ist. Wenn man sich dann aber einmal die Mühe gemacht hat nachzuschauen, warum der andere billiger war, dann musste man sehr schnell erkennen, das dieser ein anderes einfacheres und/oder moderneres System oder neuere Maschinen oder sonst etwas hatte, womit er trotz der niedrigeren Preise mehr verdiente.

Da heißt es schon aufpassen und jede Art der Überheblichkeit ist unter Umständen tödlich. Und wenn sich auf unserem Markt ein Pfuscher eingeschlichen hat, der die Kunden mit billiger Arbeit „über den Tisch zieht", dann kann es durchaus unsere Aufgabe sein unseren Kunden zu helfen und sie vor derartigen Machenschaften zu schützen, indem wir eingreifen. Aber das muss jeder für sich selbst entscheiden.

Wir schauen uns auf jeden Fall an, was die Mitbewerber, die Erfolg haben, anders machen als wir und wie wir darauf reagieren können. Und wenn wir feststellen, dass der Wettbewerb für uns zu stark ist, dann ist das noch lange kein Grund die Segel zu streichen.

Kooperieren statt konkurrieren

Oft schon ist gerade das Auftreten einer übermächtigen Konkurrenz der Auslöser für eine gute Geschäftsidee gewesen, die zu dauerhaftem Erfolg und sicherem Einkommen geführt hat.

Der Weg zur Kundenzufriedenheit
Markt – Strategie – Konzept

Marktanalyse

- **Wer sind unsere Mitbewerber?**
- **Wer bietet eine ähnliche Leistung an?**
- **Haben diese Mitbewerber Erfolg?**
- **Was machen sie anders als wir?**
- **Gibt es Wettbewerb aus anderen Branchen?**
- **Gibt es Möglichkeiten für Kooperationen?**

© Copyright 2004*DIALOG-PARTNER-ANTON-DOSTAL*D-65817 Eppstein

Auch hierzu möchte ich zwei Beispiele erzählen. In Rheinland-Pfalz hat vor Jahren ein neuer Supermarkt in einer kleinen Gemeinde aufgemacht. Dort gab es zwei Metzgereien, die beide schon in der zweiten Generation am Ort waren und beide vorher gut von dem Einzugsgebiet leben konnten. Da der Supermarkt eine große Fleischabteilung mit Großmarktpreisen anbot, kamen die Metzgermeister in arge Bedrängnis. Der eine kämpfte gegen den Supermarkt an und musste nach einem Jahr enttäuscht aufgeben.

Der andere Betrieb jedoch hat die Gunst der Stunde erkannt und dem Marktleiter eine Kooperation angeboten. Er hat für die Frischeabteilung des Marktes Spezialitäten geliefert, die in dieser Qualität und Frische nicht auf dem Großmarkt zu haben sind und deshalb für den Markt eine Bereicherung und Attraktivitätssteigerung bedeuteten. Zudem hat er für diese Plusleistung des Marktes seinen guten und bei der Kundschaft mit großem Vertrauen bedachten Namen „hergegeben". Parallel dazu hat er einen Partyservice aufgezogen und seine Spezialitäten in einem größeren Umkreis ausgeliefert. Die Werbung für ihn hat ja automatisch der Supermarkt gemacht. Heute kennen wir diese Vorgehensweise als „Shop in Shop – Systeme".

Beispiel Nummer 2: ein Elektrohändler bekam in seiner Gemeinde Konkurrenz von einem Elektromarktriesen, aber anstatt zu resignieren, hat er sich ein Ladengeschäft genau gegenüber des Marktes gemietet und fortan die Reparatur aller Elektrowaren angeboten, die aus dem Markt stammten. Nach relativ kurzer Zeit haben Mitarbeiter des Marktes ihren Nutzen erkannt und viele Kunden, die mit Reklamationen herumgenervt haben zu ihm hinüber geschickt. Heute hat er einen Ersatzteilehandel, den er sogar im Internet betreibt.

Wir sehen aus diesen Beispielen das Konzept, welches dahinter steht: Kooperieren, statt Konkurrieren. Auch aus dem Handwerk oder den beratenden Dienstleistungsberufen gibt es viele Beispiele, wie durch Kooperation ganz neue Möglichkeiten der Kundenbetreuung entstanden sind und somit Dienstleistungsangebote zum Nutzen der Kunden entstanden.

Wettbewerb aus anderen Branchen

Wenn wir unseren Markt betrachten, dann müssen wir aber nicht nur auf Anbieter gleicher Leistungen achten, sondern auch schauen, ob es Wettbewerb aus anderen Branchen gibt. Oft sehen wir nur den Wettbewerb von unseren Berufskollegen, nicht aber den, der uns aus einem ganz anderen Eck droht.

Wenn unsere Kunden ihr Geld für andere Dinge oder Leistungen ausgeben, dann fehlt es halt bei uns. So ist meiner Ansicht nach der größte Konkurrent des Gartenbauers auf dem Privatmarkt nicht etwa der Gärtner aus dem Nachbarort. Nach einem Bericht des Statistischen Bundesamtes von 2005 geben Senioren in Deutschland das meiste Geld (neben den Lebenshaltungskosten) für Pauschal-Reisen aus, nämlich 4,7% ihres Konsumbudgets. Für Blumen und den Garten, geben sie nur bis zu 1,4% aus!?! Also für die „4 wichtigsten Wochen des Jahres" (Werbung für Pauschal-Reisen) mehr als 3-mal so viel.

Und die anderen 48 Wochen schauen sie dann in ihren Garten. So mancher Gartenbauer hat das schon erkannt und verlängert seinen Kunden die Lust am Garten durch eine neue Erlebniswelt mit dem Thema Licht und/oder Kunst im Garten. So kann man seinen gepflegten Garten auch dann noch genießen, wenn es für die anderen schon duster oder Winter ist. Dazu fällt mir ein Zitat ein, das ich einmal auf einem Seminar notiert habe: „Die Klage über die Schärfe des Wettbewerbs, ist in Wirklichkeit nur eine Klage über den Mangel an Einfällen!" (Walther Rathenau, 1867 – 1922)

Die Strategie

Nachdem wir nun analysiert haben, wie der Markt aussieht und wer uns da so alles begegnet, können wir uns endlich auch unsere eigenen Leistungen ansehen und machen eine „Stärkenanalyse". Welches sind die Stärken unserer Leistung, unseres Betriebes? Jeder hat spezielle Stärken, denn wir sind wunderbarerweise alle Unikate. Da das aber Unternehmensstrategie ist, was ein eigenes, sehr ernst zu nehmendes und umfangreiches Thema ist, und es zu der grundlegenden Ausrichtung und Zielsetzung des Unternehmens gehört, möchte ich in diesem Buch nicht tiefer in dieses Thema einsteigen und empfehle hierfür das Buch von Frau

Dr. Kerstin Friedrich: „Mit Nischenstrategie zur Marktführerschaft" (*5)

Wichtig für uns ist es jetzt im Bereich der Strategie, zu schauen, ob wir uns auch schon auf unsere Stärken konzentrieren und dies auch für unsere Kunden erkennbar ist. Sind wir als Problemlöser bekannt oder machen wir noch „alles"?
Es ist ein für mich unerklärlicher Drang aller „wirklich guten Fachleute", alles zu können. Anstatt sich auf wenige Leistungen zu konzentrieren, die zu den Kundenwünschen passen, wollen sie immer alles können und anbieten, was in irgendeiner Form zu ihrem Berufsstand gehört. Damit sind sie aber auch nur einer von allen und für ihre Kunden nicht als Problemlöser erkennbar.
Mancher hat einen so großen Bauchladen, dass er damit nicht mehr aus der Türe seines Ladens herauskommt. Dann sehen ihn seine Kunden auch nicht und er wundert sich, dass er nix verkauft!

Erfolgreiche Spezialisierung

Bei dem Thema Spezialisierung herrscht die Heidenangst, dass man dann alle anderen Aufträge verliert. Aber die Erfahrung zeigt, erst wenn wir es schaffen, in den Köpfen unserer Kunden für eine ganz *spezielle* Leistung als Problemlöser erkannt und als Marke anerkannt zu werden - wenn wir einen von unseren Kunden als dringendst empfundenen Engpass lösen – dann, erst dann, fängt sich die Erfolgsspirale wie von alleine an zu drehen.

Es genügt aber nicht Probleme zu lösen, das muss auch bekannt sein. Es ist immer wieder erschreckend, wie wenig die Mitarbeiter über diese Dinge wissen. Da wird eine wirklich gute Strategie entwickelt, viel Geld für Seminare und eventuell auch Beratung ausgegeben und dann haben wir ein tolles Konzept, welches einen tollen Ordner (oder mehrere) in einem tollen Regal das tolle Chefbüro schmückt – toll!

Die Mitarbeiter ducken sich: „Chef war mal wieder auf'm Seminar, Deckung nehmen, zwei bis vier Wochen warten, geht bestimmt wieder bald vorüber – so wie immer!"

Also, bitte anders machen! Sind die Stärken des Betriebes allen Mitarbeitern bekannt, sind diese schriftlich festgehalten und *überall* im Betrieb nachzulesen? Werden diese Stärken auch nach außen kommuniziert, das heißt, deutlich herausgestellt, und ist ihr Kundennutzen für die Kunden nachvollziehbar?

Der Weg zur Kundenzufriedenheit
Markt – **Strategie** – Konzept

Welche Kundengruppen sind für **uns** interessant?

Die Leistung muss zum Kundenwunsch passen wie der Schlüssel zum Schloss

© Copyright 2004*DIALOG-PARTNER-ANTON-DOSTAL*D-65817 Eppstein

Nachdem wir jetzt gesehen haben, dass es uns erfolgreicher macht, wenn wir für unsere Kunden ein besonderes Problem lösen, wollen wir uns noch einmal anschauen für welche Kunden wir das am besten können. „Allen Menschen recht getan, ist eine Kunst, die niemand kann!" Wir aber wollen immer alle Menschen gleichermaßen mit unseren Leistungen glücklich machen.

Hier gilt das Gleiche wie schon oben gesagt: „Unsere Leistung muss zum Kundenwunsch passen wie der Schlüssel zum Schloss!"

Wenn wir also eine ganz besondere Leistung herausgearbeitet haben, mit der wir einen Engpass der Kunden lösen können, dann müssen wir uns jetzt die Kunden suchen, die genau diese Problemlösung als dringendsten Engpass empfinden. Und das letzte Wort des vorhergehenden Satzes ist dabei das wichtigste: „empfinden"!

So mancher Fachmann, so manche Fachfrau hat schon jahrelang vergeblich versucht, den von ihnen erkannten „wirklichen" Engpass ihrer Kunden zu lösen. Weil dieser aber von den Kunden gar nicht als solcher empfunden wurde, waren diese auch nicht bereit, dafür gutes Geld auszugeben. Und so kämpft man für den Rest seines Lebens gegen Windmühlen wie einst der gute, alte Don Quixote.

Von der Zielgruppe zur Teilzielgruppe

Auch bei der Zielgruppen-Orientierung gilt: Je spitzer wir uns konzentrieren, desto schneller werden wir erfolgreich. Das Lösungswort heißt „Teilzielgruppe".

Bei wem können wir mit unserem Angebot die höchste Akzeptanz erwarten, den größten Sog auslösen, wer kann unsere Leistung am dringendsten gebrauchen? Bei der Zielgruppenselektion ist immer wieder der gleiche Fehler zu beobachten: Wir gehen wieder von der Leistung, vom Angebot aus und nicht von der Kundenseite. Was ich weiter oben in diesem Absatz über das B to B-Geschäft gesagt habe, das gilt hier auch allgemein: Wir müssen mehr an die Menschen denken, die unser Angebot annehmen sollen und möchten. Oft hört man bei der Zielgruppenfindung so allgemeine Begriffe wie Berufsbezeichnungen. Wenn zum Beispiel nach Selbstständigen gesucht wird, dann kommt mit

100%-iger Sicherheit „Ärzte". Dann sucht man nach Teilzielgruppen und alle zählen die diversen Facharztberufe auf. Doch genügt das? Müssen wir – abhängig von der zu erbringenden Leistung – nicht meistens noch viel tiefer gehen? Ein Finanzdienstleister zum Beispiel kann doch mit einem bestimmten Produkt für einen 40-jährigen, niedergelassenen Arzt, verheiratet, mit zwei Kindern, die noch in der Ausbildung sind, eine echte Problemlösung bieten. Ganz egal, ob der nun Haus-, Zahn- oder Kinderarzt ist.

An die Menschen denken

Natürlich, ich weiß schon, die Berufe kann man so schön in den Katalogen der Adressanbieter finden. Aber ob das alleine unbedingt erfolgreicher macht wage ich hier - einmal mehr – anzuzweifeln. Eine gute Methode der Zielgruppen-Analyse bietet das System von Gunter Steidinger (www.steidinger.com). Er selektiert mit Hilfe des morphologischen Tableaus nach „Merkmals-Ausprägungen", wie er es nennt, und macht eine Analyse der „spezifischen Situation der Zielgruppe", um am Ende ein „Zielgruppen-Design" zu erstellen.

Dabei werden nicht nur fachliche und sachliche Unterscheidungsmerkmale berücksichtigt, sondern auch ganz menschliche wie Werte, Erfahrungen, Ängste usw.

Immer wieder werde ich in der Nachbetreuungsphase zu meinen Seminaren gefragt, warum wir uns denn mit diesem Thema der Teilzielgruppen-Selektion so lange aufhalten. Weil es so wichtig ist!

Wenn wir später Marketing machen, können wir gewaltig sparen, und zwar Geld, Zeit und Energie, wenn wir hier an dieser Stelle unsere Hausaufgaben richtig und ausführlich gemacht haben.

Je genauer wir den am dringendsten empfundenen Engpass, also so zu sagen den Nerv unserer Interessenten treffen, desto geringer sind nachher die Streuverluste.

Wir beginnen mit unseren Marketing-Aktivitäten also bei einer klar definierten Zielgruppe und am allerbesten, bei einer, in der wir schon zu Hause sind und die uns schon ein bisschen kennt.

Der Weg zur Kundenzufriedenheit
*Markt - **Strategie** - Konzept*

Die Zielgruppe/Kundengruppe:

- **Umwelt/Gesundheitsbewusste**
- **Qualitätsbewusste**
- **Sicherheitsbewusste**
- **Traditionsbewusste**
- **Prestigebewusste**
- **Bequeme**
- **Preisbewusste**

© Copyright 2004*DIALOG-PARTNER-ANTON-DOSTAL*D-65817 Eppstein

Wer ganz neu auf den Markt kommt, hat es beim Üben etwas schwerer, aber auch da funktioniert das System natürlich, wie an Tausenden von Beispielen bewiesen werden konnte.

Präsentieren, nicht überzeugen wollen

„Niemand kann einen anderen Menschen von etwas überzeugen. Das kann jeder nur für sich selbst tun!" Mit dieser Aussage habe ich schon auf manchem meiner Vorträge wahre Entrüstungswellen ausgelöst. Gute Verkäufer und noch mehr gute Verkäuferinnen halten mir immer wieder entgegen, dass das zu ihrem Tagesgeschäft gehört, ihre Kunden zu „überzeugen". Doch leider muss ich sagen, das ist ein Irrtum. Überzeugen kann man immer nur sich selbst.

Dazu sind viele kleine Lernschritte notwendig. Sicher, das kann schon mal scheinbar ganz schnell gehen und zwar dann wenn Informationen auf Vorkenntnisse und Bereitschaft des Kunden treffen. Wenn wir es schaffen den oben beschriebenen „Nerv" des Kunden zu treffen. Aber immer - wirklich immer - muss dem ein mehr oder weniger langer Lernprozess und ein als dringend empfundener Engpass (Bedarf) voraus gehen.

Selbst wenn wir eine scheinbar ganz neue Lösung, ein völlig neues Produkt anbieten, treffen wir auf einen Kunden / eine Kundin, die in einer bestimmten Erlebnis-, Kenntnis- und Wunschwelt lebt und nur wenn unsere Leistung da hineinpasst, werden wir einen echten Bedarf wecken.

Dazu passt auch der Satz: „den Kunden da abholen, wo er steht". Ihn dort erreichen, wo er sich mit all seinen Erfahrungen und Bedürfnissen, mit seinen Vorstellungen, Wünschen und – wahrscheinlich am wichtigsten – mit all seinen Emotionen befindet.

Was aber können wir denn dann tun, damit er unsere Leistungen kauft? Wenn wir ihn doch gar nicht überzeugen können, dann können wir doch auch nichts verkaufen? Oh doch, wir haben riesige Chancen. Wichtig ist nur, dass wir diese auch wahrnehmen und zwar kundengerecht. Unsere Aufgabe muss es sein, die Kunden zu informieren - aus Kundensicht und wunschgerecht. Wir geben ihnen die Puzzleteilchen, damit sie sich das Bild von unserer Leistung selbst zusammensetzen können. Wichtig ist dabei nur, dass sie auch vorher schon wissen, was nachher dabei herauskommen soll. Stellen wir uns doch einfach einmal vor, es kommt jemand zur Tür herein, schüttet 1.000 Puzzleteilchen auf den Tisch und sagt zu uns, wir sollen mal schnell dieses Puzzle zusammensetzen. Welche Frage stellt sich unser Gehirn dann? „Was soll denn daraus für ein Bild werden?" Genauso geht es unseren Kunden. Doch dieses Thema sehen wir uns später noch sehr genau an.

© Copyright 2004*DIALOG-PARTNER-ANTON-DOSTAL*D-65817 Eppstein

Warum ist es heute so schwer, zu den Kunden vorzudringen?

Nun gibt es aber auch jede Menge Störfaktoren und Ablenkungen auf unserem Markt, so dass es manchmal richtig schwer wird, zu den Gehirnen unserer Kunden vorzudringen.
Stellen wir uns das doch einmal wörtlich vor: Wir wollen unseren Kunden gerade auf die Vorzüge unseres Angebotes aufmerksam

machen, da schreit so ein unmöglicher Marktschreier sein Angebot lauthals in die Welt hinaus, da kommt ein Drehorgelmann um die nächste Ecke und macht Musik und als ob das nicht schon Ablenkungen genug wären, muss ausgerechnet jetzt der Zeitungsverkäufer herumlaufen und herumbrüllen, dass schon wieder irgendwo Terroristen zugeschlagen haben. Verflixt noch mal, da kann sich der Kunde doch gar nicht auf unser schönes Angebot konzentrieren!

Reizüberflutung nennt man das dann. Und diesem Phänomen unterliegen wir in der heutigen Zeit allesamt. Täglich bekommen wir kiloweise Werbung ins Haus, das Autoradio informiert uns nicht nur über die Verkehrsituation, wie lange läuft jeden Tag das Fernsehgerät, und an jeder Ecke Werbung, Werbung, Werbung.

Aber nicht genug davon! Da hat dann auch noch jemand das Internet erfunden. Dort können wir uns auf Milliarden von Seiten jederzeit jede gewünschte Information herunter holen oder „downloaden". Wir müssen dafür nur täglich ein paar Stunden „herumsurfen". Die Informationsflut überspült uns und unsere Kunden gnadenlos.

Da müssen wir schon gewaltig aufpassen, dass wir in dieser Flutwelle den Kopf oben behalten und dass wir aus der ganzen Welle wenigstens ein bisschen herausschauen, sonst können uns unsere Interessenten und Kunden nämlich gar nicht erkennen. Im Optimalfall schaffen wir es sogar den Kunden einen Rettungsreifen zuzuwerfen und ihnen dabei zu helfen, sich in diesem Chaos an Informationen zu orientieren.

Bezogen auf unseren Markt heißt das nichts anderes, als dass wir unseren Marktstand so ein- und ausrüsten müssen, dass wir von den Interessenten als Problemlöser und/oder „Wunscherfüller" tatsächlich unter all den anderen Anbietern erkannt werden.

Im ständigen Kampf gegen das Vergessen

Aber nicht nur die Umwelt macht uns das Leben schwer, auch unsere Kunden selbst haben so die eine oder andere Eigenart, die uns das „Markt machen" nicht gerade erleichtert. Zum ersten vergessen sie dauernd alles, was man ihnen sagt. Wissenschaftliche Untersuchungen besagen, dass, kaum hat man eine Informationen beim Kunden platziert, haben diese das schon nach weniger als zehn Tagen wieder fast zur Hälfte vergessen haben.

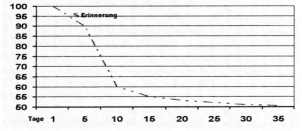

Na ja, kennen wir vielleicht auch von uns selbst. Doch was bedeutet das für uns bei unseren Bestrebungen, unsere Leistungen beim Kunden als Marke für einen bestimmten Bedarf zu platzieren? Wir müssen es schaffen, die Kunden *schrittweise* lernen zu lassen, was wir ihnen vermitteln wollen. Immer und immer wieder. Schritt für Schritt Informationen und Vertrauen aufbauen, bis wir es geschafft haben - und im Falle des Bedarfs -

dem künftigen Kunden zu genau dieser Leistung genau unser Angebot einfällt.

Die Seele des Marketings heißt immer wieder, immer wieder ...

Immer wieder erlebe ich es, dass Unternehmer ihre Kunden und Interessenten über eine Leistung informieren, einmal, zweimal, eventuell dreimal und dann zu früh aufgeben.

Um den Kunden wirklich zu erreichen müssen wir schrittweise Vertrauen aufbauen!

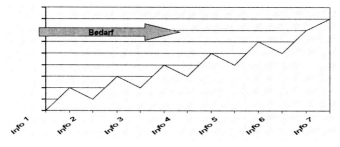

© Copyright 2004*DIALOGPARTNER·ANTON·DOSTAL*D-65817 Eppstein

Der Kunde hat aber die Informationen gespeichert, nur von wem er diese Informationen einmal bekommen hat, ist ihm nicht mehr so recht bewusst. Wir können auch sagen, der Wunsch ist geweckt worden, aber es bestand zu dieser Zeit kein wirklicher Bedarf oder der Kunde konnte den Wunsch aus irgendwelchen Gründen zu dieser Zeit nicht realisieren.

Später dann sieht der Kunde das Angebot wo anders. Jetzt aber ist die Zeit reif und er schlägt zu. Kauft er dann bei uns? Aber wir haben uns doch die Arbeit gemacht ihn zu informieren, wir haben ihn doch auf die Idee gebracht? Ja, er kauft bei uns, aber nur, wenn wir dann auch bei ihm sind. Wenn unser Name Synonym für genau diese Leistung ist und/oder wenn unser Angebot, unsere Leistungsbeschreibung gerade jetzt auf seinem Schreibtisch liegt.

Aha! Also alles reine Glückssache!?! Nein, vielmehr eine Frage der Ausdauer. In den meisten Fällen wird viel zu früh aufgegeben.

Meine Frau und ich wollten eine neue Küche haben. Da haben wir auf Empfehlung einer Bekannten einen ihr bekannten Küchenplaner bestellt, auf das er uns beraten soll. Der überaus freundliche Herr kam nach Terminvereinbarung zu uns, hat uns wirklich gut beraten, mit Hilfe seines Laptops eine hervorragende Planung erstellt, sogar in 3-D und das ganze ausgedruckt. Mit Preisen und allen Informationen, die uns wichtig waren. Da wir jetzt nur einen Preis und auch nur eine Variante hatten, waren wir unsicher und haben uns Bedenkzeit ausgebeten. Sie ahnen schon wofür? Genau, wir wollten uns wo anders auch einmal umsehen, um mehr Sicherheit bei der Entscheidung zu erlangen. Nach intensiverem Nachdenken, erschien uns aber eine andere Anschaffung im Moment wichtiger und wir sind vorläufig von dem Plan die Kücheneinrichtung zu erneuern abgekommen und haben diese Entscheidung um ein Jahr vertagt. Der Berater aber hat sich bis heute nicht wieder bei uns gemeldet!?! Wahrscheinlich läuft er da draußen herum und denkt, die haben bei einem billigeren Anbieter gekauft.

Eine meiner allerersten Beratungskunden war die Inhaberin eines kleinen Heizungsbaubetriebes in einer ländlichen Gegend Hessens. Als wir in ihrem Büro über die Einführung ihres individuellen Marketings gesprochen haben, fiel mir auf, dass sie auf ihrem Schreibtisch mehrere alte Angebote herumliegen hatte. Auf meine Nachfrage erklärte sie mir, das seien alles Angebote, die nie zu einem Auftrag geworden sind, und dass sie weder Lust

noch Zeit hätte, denen allen nachzugehen, schließlich hätten sich die Interessenten ja nie mehr bei ihr gemeldet.
Ich konnte sie dann doch davon überzeugen wenigstens *einmal* bei allen anzurufen und zu fragen, ob sie denn schon wo anders gekauft hätten, damit sie endlich den ganzen „Kram" vom Schreibtisch bekommt und wieder Platz und gedankliche Freiheit für neue Aktivitäten bekommt. Denn so ein Haufen Unerledigtes ist schon eine gewaltige Kreativitätsbremse. (* 5)

Sie versprach - mir zu Liebe - das am Freitag zu erledigen. Am Freitagabend um 20:15 ging bei mir das Telefon und ich hatte eine völlig aufgelöste und euphorische Beratungskundin am Telefon, die mir erzählte, dass sie schon beim zweiten Anruf folgendes Erlebnis hatte: Die Kundin, eine ältere Dame, bei der sie eine Heizungsrenovierung angeboten hatte, sagte ihr am Telefon: „Jetzt haben sie aber Glück gehabt, dass sie heute angerufen haben. Am Montag hätte ich mir einen anderen genommen, sie haben sich ja nicht mehr bei mir gemeldet!"

Da sitzt auf der einen Seite ein Leistungsanbieter und ist enttäuscht darüber, dass der Kunde wahrscheinlich wieder nur auf den billigen Preis geschaut hat, und auf der anderen Seite sitz ein Kunde und ist enttäuscht darüber, dass er schon wieder so einen schlampigen Handwerker erwischt hat, der sich nicht um seinen Kunden kümmert. Das ist schon eine seltsame Welt.

Wir neigen dazu, aus schlechten Erfahrungen und Enttäuschungen Verallgemeinerungen zu ziehen und entscheiden dann für den Kunden, ohne ihn vorher nach seiner tatsächlichen Meinung und Motivation gefragt zu haben. Meine Empfehlung: tun sie das nie, nie, nie liebe Leserin / lieber Leser! Entscheiden sie nie für ihre Kunden, lassen sie die das gefälligst selbst machen, die haben ein Recht darauf und es ist nicht unsere Sache, ihnen das streitig zu machen. Verstanden?

Es nützt also alles nichts, wollen wir langfristig auf dem Markt bestehen müssen wir unsere Kunden informieren, wieder und immer wieder. Im optimalen Fall bekommt der Interessent gerade dann unsere nächste Information, wenn bei ihm der Kaufwunsch gereift ist und zur Entscheidung ansteht. Da das aber Arbeit macht, müssen wir unsere Kundeninformationssysteme vereinfachen und standardisieren und dafür benötigen wir in fast jedem Fall eine CRM-fähige (Customer Relationship Management) Kundendatenbank.

Die Kundenorientierung

Weiter oben haben wir uns schon mit dem Thema Kundenorientierung beschäftigt und gesehen, dass dieser Begriff sehr verschiedene Assoziationen auslöst. Wir wollen hier beleuchten, was *wir* unter aktiver Kundenorientierung verstehen.

Sich selbst und den ganzen Betrieb darauf trimmen, sich an den Wünschen und Bedürfnissen unserer Kunden auszurichten. Das ist wahrhaft nicht jedermanns Sache und es muss natürlich auch nicht jeder unbedingt mitmachen. In meinen Vorträgen ernte ich nicht immer nur Beifall, wenn ich sage, dass wir auf dem Markt natürlich auch die brauchen, die es nicht kapieren und zwar zur Marktbereinigung. Die machen, mittelfristig gesehen, nämlich Platz frei für neue Anbieter mit guten, kundengerechten Lösungen und sorgen dafür, dass wir es etwas leichter haben unsere Kunden zu begeistern. Ich weiß, was ich da sage. Und ich sehe darin auch überhaupt nichts Negatives. Es gibt nun mal auf jedem Markt nur einen begrenzten Bedarf und deshalb soll der Erfolg auch den kundenorientierten Betrieben vorbehalten bleiben. Also, wenn sich jemand bei mir beschweren will, ganz hinten im Buch steht meine Adresse.

Langfristiger Erfolg zur dauerhaften Sicherung des Betriebes

Wir aber wollen uns jetzt damit beschäftigen, wie wir Kundenorientierung so betreiben können, dass wir langfristig und mit lang anhaltendem Erfolg Stammkundenbeziehungen aufbauen können, zur dauerhaften Sicherung unseres Betriebes. Wie wir unsere Kundenpflege systematisieren können und das Ganze mit möglichst wenig Aufwand und ohne, dass uns die Kosten erschlagen.

Um es vorab zu sagen, für Nix gibt's Nix. Ohne Investition in das Thema Kundendatenbank und Kundenpflege hat heute kein Unternehmen mehr die Chance, langfristig auf dem Markt zu bestehen. Darüber sind sich weltweit alle ernsthaften Wirtschaftsexperten einig.

Wenn ich dann aber lese, dass 80% aller deutschen Unternehmen – klein wie groß – heute noch immer keine wirklich gepflegte und aussagefähige Kundendatenbank besitzen, bekomme ich schon ein bisschen Angst. 40% aller Unternehmenshneugründungen werden nicht älter als drei Jahre! Das hat natürlich viele Gründe, aber ich denke einer der wichtigsten ist die Tatsache, dass diesen Neugründern niemand gesagt hat, dass die Zeiten vorbei sind, in denen Techniken, Produktionen, Materialien usw. Marktmacht bestimmend waren.

Heute hat der die Marktmacht, der die Kundenbeziehungen hat und pflegt. Alles andere ist beliebig austauschbar, jedes Produkt an jeder Ecke und im Internet zu fast jedem Preis zu haben und auch schon fast jede Dienstleistung mehr oder weniger austauschbar.

Die Kundendatenbank ist Herz und Seele des Nachfrage-Sog-Systems und jeder ernsthaften aktiven Kundenorientierung. Dabei ist es immer vom jeweiligen Geschäft, Gewerk, Dienst-leistung usw. abhängig, wie diese aussehen muss.

Wer im Jahr mit drei bis vier Kunden auskommt, für den ist auch ein gut sortierter und strukturierter Karteikasten eine brauchbare Kundendatenbank. Damit kann man zwar keine automatisierten Serienbriefe und Serienmails schreiben, aber dafür gibt es ja Programme, die man dementsprechend einrichten kann. Das ist dann etwas umständlicher, geht aber.

Für alle Anderen ist die Anschaffung und Pflege einer gut strukturierten, aktuell gepflegten und gut sortierten Kundendatenbank unerlässlich, ja überlebensnotwendig. Natürlich macht das Arbeit und Büroarbeit ist nicht jedermanns Lieblingskind. Na, dafür gibt es aber auch viele Menschen, die so etwas gerne machen und wenn Sie mich fragen, ob sich das auch lohnt, ob man diese Investitionen denn irgendwie wieder hereinbekommt, kann ich nur aus eigener Erfahrung und den Erfahrungen von vielen hundert Beratungskunden sagen: Und ob.

Fangen wir doch einmal an. Die drei Säulen der aktiven Kunden-Orientierung sind:

a) das Anlegen einer Interessenten- und Kundendatenbank,
b) Interessenten und Kunden mit den darin enthaltenen Daten wirksamer ansprechen und
c) mit einer gepflegten Kundendatenbank Kunden und Stammkunden aktiv pflegen und Folgeaufträge abholen.

Zeit und Energie sparen

Alles mit dem Ziel mittel- und langfristig Zeit und Energie zu sparen. Wie denn, was denn, das mit der Kundendatenbank kostet doch Zeit und Geld? Ja, zuerst, - aber wer einen wirklich aktuell gepflegten Kundenstamm hat, der holt jede Menge Folgeaufträge zu besseren Preisen und aktive Empfehlungen vom Markt ab und zwar fast automatisch, ohne großen Mehraufwand.

Na ja und dass Empfehlungen besser sind als anonyme Werbung und Empfehlungsadressen besser sind, als gekaufte, das braucht man heute wirklich niemandem mehr zu erzählen. Die fast normale und auf dem Markt noch immer viel zu oft anzutreffende Vor-gehensweise ist doch, Beratung der Kaufinteressenten mit dem Ziel Auftragsgewinnung und dann die Auftragserfüllung mit dem Ziel der Rechnungsstellung. Doch mal ganz ehrlich: Wie viel Kundebindung bringt so etwas? Entstehen so langfristige Kundenbeziehungen?

Im ersten Kapitel haben wir über „Auftragsdenken" kontra „Kundendenken" gesprochen. Können sie jetzt schon ahnen, warum ich Ihnen am Anfang dieses Buches gewünscht habe, dass Sie nie wieder *einen* Auftrag bekommen?

Stimmt, Kunden wollen wir haben, zufriedene Stammkunden, die immer wieder kommen und empfehlen wie die Weltmeister.

Wenn wir einen Interessenten beraten und wollen ihn zum ersten Mal zum Kunden gewinnen, dann benötigen wir alle Kraft, die wir haben um zu einem ersten Auftrag zu kommen. Man nennt das Auftragsbeschaffungsenergie. Davon brauchen wir für den ersten Auftrag 100%. Gehen wir nun einmal davon aus, dass der Kunde höchst zufrieden war und nach einem Zeitraum X wir einen Folgeauftrag von ihm holen wollen. Dann benötigen wir – nach Erfahrungswerten – ca. 35% Auftragsbeschaffungsenergie. Denn er war ja zufrieden, hat jetzt ein ungleich höheres Vertrauen zu uns und ist meist auf Grund von Kundenbindungsaktivitäten unsererseits oder gar von alleine gekommen.

Wenn wir es aber schaffen, von diesem Kunden noch einen dritten Auftrag zu bekommen, dann verringert sich diese Auftrags-Beschaffungs-Energie weiter auf ca. 15%. Darunter kommen wir dann eigentlich nicht mehr, denn wir müssen ja immer seine Wünsche ermitteln, einen Preis mit ihm zusammen festlegen usw.

Das bedeutet, wenn wir von einem Kunden drei Aufträge bekommen, haben wir die Auftragsbeschaffungsenergie glatt halbiert.

In der Wirtschaftswoche konnte man im März 2006 zu dem Thema „Kundensegmentierung" lesen, dass bei einer Untersuchung bei 7.000 kleinen und mittelständigen Unternehmen herauskam, nur 46% aller Betriebe nutzen die Gelegenheit ihren Kunden zusätzliche Produkte aus ihrem Portfolio anzubieten. Lediglich 23% schöpfen das Potenzial ihrer Kunden konsequent aus, indem sie ihre Kunden so genau kennen, dass sie ihnen maßgeschneiderte Produkte anbieten können. Da kann ich nur sagen, die armen anderen knapp 80%, die machen sich das Leben unnötig schwer durch ihr ungebrochenes Auftragsdenken.

Dieses unglückliche Auftragsdenken hat auch noch eine ganz fatale Komponente. Es sendet die falschen Signale an unsere Mitarbeiter. In Dutzenden von Mitarbeiterschulungen haben wir immer wieder die einfache Frage gestellt: Was müssen wir denn tun, wenn wir wissen, dass dieser Kunde ein Stammkunde wird? Stereotype Gegenfrage: „Ach, wir sollen da wieder hin?" „Ja, müsst ihr!" „Aaaaaaaaaaaach so!?!" Und danach machen wir dann ein Brainstorming über Kundenbindungsaktivitäten wie Pünktlichkeit, saubere Baustelle, ordentliche Kleidung, Visitenkarten für *alle* Mitarbeiter, gepflegte Kundenansprache und was es an Kundenorientierungsmaßnahmen sonst noch so alles Schönes gibt.

Das Konzept

So, nachdem wir uns jetzt die Probleme mit der Kundenbindung ausführlich angesehen haben, wollen wir jetzt die Lösung betrachten. Wenn also diese Vorgehensweise, wie wir eigentlich alle wissen, keinen langfristigen Erfolg bringt, was dann? Kunden-Segmentierung heißt das Fachwort. Wir teilen uns unsere Kunden in eine Systematik ein, die es uns erlaubt genau zu erkennen, auf welcher Stufe dieser Kunde in unserem Unternehmen steht. Im Nachfrage-Sog-System hat sich in den letzten 20 Jahren folgende Einteilung bestens bewährt und wird auch mit individuellen Besonderheiten von allen erfolgreichen Nachfrage-Sog-System-Anwendern gelebt.

Interessenten nicht mit Informationen erschlagen

Wenn wir unsere Zielgruppensegmentierung wie im Abschnitt Strategie beschrieben durchgeführt haben, dann wissen wir jetzt ziemlich genau, welche Adressen für uns die Erfolg versprechendsten sind. Das werden jetzt unsere Zielgruppenadressen (ZA). Diese wissen meist noch nichts über uns, es sei denn sie sind durch Empfehlung zu uns gekommen (dann bekommen sie in der Kundendatenbank ein entsprechendes Merkmal!). Auf dieser Ebene bekommen die Kunden von uns nur Informationen, die ihrem bisherigen Wissensstand entsprechen.

Aktive Kundenorientierung

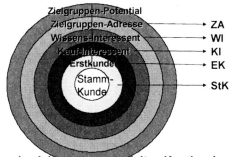

Feingliederung der Adressen zur gezielten Kunden-Ansprache

© Copyright 2004*DIALOG-PARTNER-ANTON-DOSTAL*D-65817 Eppstein

Deshalb sind die Ziele auf dieser Ebene, den Kunden Ideensignale zu geben, Leistungen anzubieten und zu erkennen, ob ein Bedarf hinter der Informationsanforderung steht.

Es ist schon ein Wahnsinn, was einem da als Kunde so alles passieren kann! Von Zeit zu Zeit teste ich gerne, was denn die großen Unternehmen, die mit einer eigenen, *richtigen* Marketingabteilung, mit gut gebildeten und ausgebildeten Marketingfachleuten so auf dem Markt treiben. Also habe ich aus einer Frauenzeitschrift eine Postkarte herausgenommen und bei einem sehr großen, traditionsreichen deutschen Möbelhersteller eine dort angebotene CD bestellt, mit der man sich nach Angaben in der Werbung seine Wohnung einrichten und nachher in 3D betrachten konnte.

Vier Tage später - für die Schnelligkeit sei die Marketingabteilung hier ausdrücklich gelobt – steht meine sonst sehr liebe und ruhige Frau in der Tür meines Büros mit dem Gesicht eines Racheengels und fragt mit erhobener Stimme: „Hast du das wieder bestellt?" In ihren Händen ein sichtbar sehr schweres, ca. 8 cm dickes, etwas über DIN A 4 großes Paket. In einer Art männlichem Schutzmechanismus habe ich die Frage natürlich sofort verneint, das hat aber nix genutzt, da stand nämlich meine Adresse darauf. Danach bekam ich das knapp 3 kg schwere Paket auf meinen Schreibtisch gelegt, etwas unsanft und mit der Bemerkung: „Aber nicht, dass ich das in vier Wochen wieder wegräumen muss!" Sie sehen meine lieben mit fühlenden Leser/innen, diese Möbelfirma wird mir in fortwährender Erinnerung bleiben. Aber ob ich dadurch mehr Vertrauen in diese Firma gewonnen habe, wage ich schlichtweg zu bezweifeln.

Außerdem erzähle ich dieses Negativbeispiel schon seit drei Jahren in allen Seminaren. Ach so, ja, die CD habe ich unter den – wirklich teuren und hochwertigen - Broschüren für sämtliche Möbel, Wohnzimmer, Kinderzimmer, Schlafzimmer, inklusive Kücheneinrichtungen auch gefunden. Die war dann konsequenterweise so kundenorientiert, dass ich nie herausgefunden habe, wie man damit seine Wohnung einrichtet.

Wir müssen uns also schon sehr begründete und detaillierte Gedanken darüber machen, was wir den Interessenten beim allerersten Kontakt zusenden. Sonst heißt es nachher wieder „Fachidiot schlägt Kunden tot!"

Interessenten nicht überfordern

Erst wenn die Interessenten sich nach dem Erstkontakt bei uns mit Hilfe der von uns mitgesendeten Responsmittel (Antwortkarte, Faxantwort etc.) melden, *dann* erklimmen sie die nächste Stufe, aber erst dann. Und weil sie jetzt schon mehr über unser Unternehmen und unsre Leistungen wissen, nennen wir sie hier Wissens-Interessenten (WI).

Sog erzeugen kreativ und systematisch

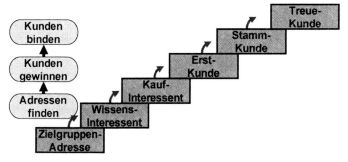

© Copyright 2004*DIALOG-PARTNER-ANTON-DOSTAL*D-65817 Eppstein

Auf dieser Stufe dürfen wir ihnen schon ein bisschen mehr Informationen zutrauen, das heißt, hier werden sie dann ausführlicher informiert. Jetzt sind die Ziele Vorinformationen über unsere Leistungen und Dienstleistungen zu geben, unser komplettes Leistungsprogramm aufzuzeigen und vertrauensbildende Maßnahmen einzuleiten, wie Referenzen aufzeigen, eine Probefahrt zu vereinbaren (oder Probewohnen usw. – siehe Nachfrage-Sog-System-Tools, Kapitel 3). Und hier wollen wir auch schon etwas mehr Informationen von den Kunden haben.

Was sind ihre konkreten Wünsche, wann haben sie Bedarf usw. Auf dieser Stufe bleiben die Interessenten dann wieder so lange und bekommen nur Informationen für WIs bis sie glauben, genügend Informationen zu haben und sich vertrauensvoll an uns wenden, um ein persönliches Beratungsgespräch zu bekommen.

Bis dahin werden sie mäßig, aber regelmäßig mit Informationen versorgt, es wird nachtelefoniert und so lange nachgefasst, bis ein erster Beratungstermin zu Stande kommt. Dann heißen sie Kauf-Interessenten (KI). Jetzt endlich können wir brillieren, unsere ganze Fachkompetenz ausspielen, denen mal zeigen, was so ein richtiger Fach-Mann / -Frau drauf hat, wofür haben wir denn sonst den ganzen Kram lernen müssen!

Halt, stopp, nein, nicht, bitte, bitte! Lassen sie uns doch darüber lieber in Kapitel 3 noch einmal reden. Hier jetzt wollen wir nur feststellen, dass wir auf dieser Ebene die Ziele haben, individuell und bildhaft zu beraten, Möglichkeiten aufzuzeigen, Leistungen „begreifbar" zu machen, gemeinsam mit dem Kunden zu kalkulieren und bei der Entscheidung zu helfen.

Wenn er dann gekauft hat, sich für uns und unsere Leistungen entschieden hat, dann ist er nicht etwa nur Kunde geworden, nein er ist jetzt Erst-Kunde (EK). Wem auch immer wir diese Wortschöpfung zu verdanken haben, ich bin ihm/ihr endlos dankbar. Was für ein wunderbares Wort das ist! Da stecken doch schon der ganze Sinn und das übergeordnete Ziel jeden Marketing-Systems auf diesem Planeten drin. Erst-Kunde, wenn ich diesen Begriff bei meinen vielen Mitarbeiterschulungen nur nenne, dann weiß sofort jeder, danach muss noch irgend etwas kommen und fast alle wissen auch schon was: „Stammkunde" (StKd).

An die kommen wir aber auch nicht ganz ohne Energie heran und deshalb sind die Ziele auf dieser Ebene: Kundenpflege, Folgeaufträge erzielen und Empfehlungen erhalten.

Nur ein Drittel vom Markt

„O.K., Herr Dostal, aber bei mir funktioniert das nicht so, meine Kunden rufen immer morgens an, wollen abends den Preis wissen und dann soll ich vorgestern schon angefangen haben!"

Ja, das glaube ich Ihnen sogar. Das Dumme daran ist nur, dann haben sie nur genau ein Drittel des möglichen Marktvolumens abgeschöpft.

Wir wissen heute aus der Erfahrung vieler hundert Nachfrage-Sog-System-Anwender, aber auch aus anderen Marktuntersuchungen, dass sich der Markt, zum Beispiel bei Dienstleistern und da gehört auch das gesamte Handwerk dazu, drittelt. Und zwar in ein Drittel kurzfristige Aufträge, das sind die, die wir immer im Kopf haben, ein Drittel mittelfristige Aufträge, das sind die, die mit einiger Verzögerung kommen und in ein Drittel langfristige Aufträge. Die erkennen wir aber nur, wenn wir eine gut gepflegte Kundendatenbank haben und somit zurückverfolgen können, was ein Kunde bei uns schon alles an Informationen abgerufen hat. Und zwar unter Umständen über mehrere Jahre hinweg.

Ich selbst habe zum Beispiel manchmal heute Kunden in meinen Seminaren sitzen, die kennen mich und meine Leistungen schon seit sieben Jahren und mehr. Aber jetzt war erst der Bedarf da und dann kommen sie eben jetzt. Ist doch super, oder? Bleibt nur die Frage, ob wir unseren Kunden wirklich sieben Jahre „hinterherlaufen" wollen, nur damit die dann irgendwann, wann *sie* wollen, bei uns Leistungen abrufen, Stammkunde werden und dann ein paar tausend Euro da lassen.

Wenn ich zum Beispiel in Unternehmen, die schon längere Zeit auf dem Markt sind, ein bisschen nachbohre, dann kennt eigentlich jeder solche Fälle, nur sind die uns nicht jeden Tag bewusst. Und dann kann es eben passieren, dass wir ein ganzes Drittel (30%) unserer möglichen Aufträge und Kunden gar nicht bekommen.

„Na ja, aber trotzdem. Lohnt sich denn wirklich der ganze Aufwand? Das mit dem stufenweisen Vorgehen ist doch wirklich sehr aufwendig, da gibt es doch bestimmt ein anderes, eventuell moderneres Marketingsystem, mit einem weniger altmodischen Namen, welches - so in einem Schritt - zum Auftrag führt!?"
Klar, versprochen bekommen wir viel und Teilerfolge erzielt man immer wieder mal, wenn man was Neues ausprobiert. Nur: Langfristig, und da sind sich alle ernsthaften Marketing-Fachleute einig, ist Marketing auch so eine Art „Handwerk" und bringt nur

demjenigen langfristige, nachvollziehbare Erfolge, der sich an die anerkannten Regeln hält.

Genau deshalb heißt es auch Nachfrage-Sog-*System* und genau deshalb liegt die Betonung auch auf dem letzten Wort. Lohnen wird sich der Aufwand alle mal, denn wir wissen, wir bekommen auf allen Ebenen schon Empfehlungen. Vorausgesetzt, dass die Interessenten und Kunden mit der Information *und* Beratung bis dahin schon zufrieden waren.

Der gute alte Karteikasten

Bei der Einteilung unserer Kundenadressen sollten wir das Bild vom guten alten Karteikasten im Kopf haben, auch wenn wir die Adressen natürlich in der elektronischen Kundendatenbank pflegen. So können wir uns leichter vorstellen, wie das System funktioniert.

Wir haben einen Karteikasten, der – zum Beispiel - in fünf Register eingeteilt ist (ZG, WI, KI, EK, StKd). Am Anfang ihres Kunden-Lebens in unserem Unternehmen steht eine Adresse auf einer Karteikarte im Register ZG. Dort bleibt sie so lange, bis wir von dem Interessenten signalisiert bekommen, dass er/sie Interesse an mehr Informationen über unsere Leistungen haben möchte, und wird so lange auch nur mit Informationen bedacht, die dieser ersten Stufe entsprechen. Alle Aktionen, die wir dieser Adresse zu Gute kommen lassen, werden natürlich dort auch vermerkt, so dass wir später jeder Zeit nachsehen können, was wir schon alles mit dieser Adresse gemacht haben.

Melden sich die Interessenten dann bei uns, so rückt die Karteikarte, versehen mit einem entsprechenden Vermerk, eine Stufe – ein Register – weiter. So wächst die Adresse Stufe für Stufe in unser Unternehmen hinein und auf jeder Stufe bekommen wir mehr Informationen über Bedarf, Wünsche, technische Details usw.

Aber auch darüber, welcher Mensch zu dieser Adresse gehört. Ist er Pfeifenraucher oder sie Rosenliebhaberin, wo verbringt unser Kunde seinen Urlaub, wie viel Kinder hat die Familie usw. Mir ist es immer wieder ein Rätsel, warum es Unternehmer gibt, die sich nicht für die Menschen interessieren, denen sie etwas verkaufen wollen.

Der Weg zur Kundenzufriedenheit
*Markt – Strategie – **Konzept***

Die Kundendatenbank muss strukturiert und selektierbar sein!

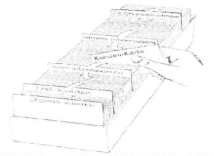

Wie ein Karteikasten, mit Selektierung !

© Copyright 2004*DIALOG-PARTNER-ANTON-DOSTAL*D-65817 Eppstein

Warum steht zum Beispiel auf dem Hausplan für die neue Behausung einer Familie darauf Kind 1 und Kind 2? Warum nicht Max und Liese? Glauben denn Hausplaner, dass Kinder nicht mitentscheiden können? Oder dass ein neues Heim für eine Familie eine anonyme Sache ist? Na gut, wenn sie das glauben, dann müssen sie eben Pläne machen wie alle anderen auch und werden zusammen mit allen anderen auch nur am Preis gemessen.

Was muss eine Kundendatenbank alles können?

Wie oben schon gesagt, der gute alte Karteikasten dient uns nur als Bild. Unsere Adressdaten, sprich Kunden und Interessenten, pflegen wir heute in einer Kundendatenbank. Diese Kundendatenbank muss, um den Ansprüchen aus dem Nachfrage-Sog-System zu genügen, einige wichtige Merkmale und Funktionen aufweisen, die wir uns jetzt einmal anschauen wollen:

Zu erst einmal ist es selbstverständlich, dass es sich um eine voll CRM*-fähige Datenbank handeln muss. Selbstgestrickte Lösungen zum Beispiel auf Basis von Outlook erfüllen zwar oft die Funktionen der Adress-Sammlung, der Serienbrieftauglichkeit und können auch Serienmails versenden. Auch sind die wichtigsten Kalenderfunktionen, wie Wiedervorlagen und so weiter einzurichten, aber leider fehlen meistens viele Servicefunktionen, wie automatische Eintragung aller Aktionen die wir aus der Datenbank heraus mit den Kunden gemacht haben, damit wir eine lückenlose Kundehistorie haben und/oder sie sind so umständlich im Gebrauch, dass einem die Lust am Marketing schon vergeht, bevor man richtig angefangen hat.

So eine gut strukturierte und CRM*-taugliche Kundendatenbank erlaubt uns bei einem Serienbrief oder ein Serienmail an 200 Adressen innerhalb von 2 bis 3 Minuten alle Adressen zu selektieren und den vorgeschriebenen Brief in den Druckvorgang oder das E-Mail-Programm zu senden. Dann macht Marketing Spaß, erleichtert unsere vielgeliebte Büroarbeit und spart uns Zeit und Energie. (*CRM = Customer Relationship Management)

Dann ist es sehr wichtig, dass wir möglichst viele, fast unbegrenzte Selektionsmerkmale vergeben können. Auch wenn nicht alle diese Merkmale bei jedem Kunden vergeben werden müssen oder sollen, so ist es doch enorm wichtig für unsere Zielgruppen- und Kundenselektion, dass wir jeder Adresse so viele Merkmale „anhängen können" wie irgend möglich und sinnvoll.

Wofür wir die dann später eventuell einmal brauchen, ist vorher meistens nicht erkenn- und bestimmbar. Stellen wir uns als Beispiel doch nur einmal vor, wir hätten vor 15 Jahren schon eine Kundendatenbank gehabt. Wer hat denn damals schon geglaubt, dass es einmal überlebenswichtig sein kann, alle E-Mail-Adressen unserer Kunden zu kennen?

Beim Durchsehen gut strukturierter Kundendatenbanken haben wir schon mehr als einmal Zielgruppen entdeckt, die den Unternehmern so – nämlich als Gruppe - gar nicht bewusst waren, und dann konnten wir ganz spezielle Leistungspakete schnüren, die den am dringendsten empfundenen Engpass der Gruppe genau getroffen haben und somit eine vorher ungeahnte Sogwirkung auslösten.

Wichtig ist dabei auch, dass man Selektionsmerkmale jederzeit nachrüsten kann. Für absolut unsinnig halte ich es daher, wenn man hierzu zuerst eine EDV-Spezialisten rufen soll, der dann für An- und Abfahrt unter Umständen mehr kassiert als für die eigentliche Leistung. So etwas geht bei dem heutigen Stand der Technik auch per Ferndiagnose oder kann sogar vom Nutzer selbst gemacht werden, ohne dass man vorher 7 Semester IT belegt haben muss.

Neben den Stammdaten der Kunden ist dann das erste und wichtigste Merkmal der Eintrag, wo der Interessent oder Kunde in unserem Unternehmen gerade steht. Also sozusagen die Stufe (ZG, WI, KI, EK usw.), denn danach richten sich ja unsere Nachfrage-Sog-System-Aktivitäten.

Als nächstes benötigen wir ein Register, in dem wir unseren Auftragsvorrat anlegen können, dass heißt nichts anderes, als dass wir hier eintragen, was wir diesem Kunden noch alles Gutes anbieten können. In den meisten Fällen stellen wir ganz einfach unser ganzes Leistungsverzeichnis in die Datenbank-Maske ein und tragen jetzt bei jedem Kunden ein, welche dieser Leistungen bei ihm in der Zukunft angeboten werden können oder nicht.

Ein Beispiel aus dem Handwerk kann dies am besten verdeutlichen, da wir alle schon mal ein Haus gesehen haben. Eine Gruppe von über 40 Zimmereibetrieben aus Österreich hat sich auf den Dachausbau und Dachumbau spezialisiert. Wenn nun einer dieser Betriebe an einem Haus eine Leistung erbringt, zum Beispiel ein neues Dachflächenfenster für mehr Licht unterm Dach, dann notieren die Mitarbeiter alle Leistungen, die an diesem Haus durch ihre Firma noch zu erbringen wären, und das wird dann in der Kundendatenbank eingetragen.
Da kommen selbst bei spezialisierten Betrieben schon mal an die 20 Leistungen zusammen. Wenn nun der Betriebsinhaber eines Tages einmal eine Aktion für Dachgaubeneinbau startet, nach dem Motto „mehr Licht *plus* mehr Platz unterm Dach", dann braucht er nur in seine Kundendatenbank zu schauen, selektiert alle Kundenadressen, bei denen das Merkmal „Dachgaube = möglich" angehängt ist, und schon weiß er, wen er als erstes anschreiben muss.

Wenn man mit dieser Kundenselektion anfängt, dann ist das natürlicher Weise noch nicht so umwerfend viel, aber im Laufe von drei bis vier Jahren, kommt da schon einiges zusammen und ich kennen Dachdeckerbetriebe, die zum Beispiel in schneereichen Gegenden leben, die auf diese Art ihre Auftragslöcher im Februar und März total in den Griff bekommen haben, weil sie eben im September und Oktober schon die Aufträge für Innenausbau planen und bei den Kunden abholen.

Andere Betriebe steuern auf diese Weise ihre Auftragsauslastung über das ganze Jahr. Wenn mal ein Auftrag ausfällt, werden sofort die Kunden – meistens Stammkunden – selektiert, bei denen das Merkmal einer Auftragschance angehängt ist und so kann man mit mehreren kleinen Aufträgen oft drohende Auftragslöcher stopfen.

Klar, jetzt fallen uns sofort alle Gelegenheiten ein, wo das nicht geht, aber die, die es ausprobiert haben, wissen, wie es geht und leben sehr gut damit. Im Kapitel 4 werden wir bei den Nachfrage-Sog-System-Tools noch einmal auf das Thema zurückkommen und uns anschauen, was genau eine Nachfrage-Sog-System-taugliche Kundendatenbank alles können muss.

Kapitel 3

In diesem Kapitel lernen wir das NACHFRAGE-SOG-SYSTEM kennen: Als eine systematische Herangehensweise, um aus Interessenten Stammkunden zu machen, die zur langfristigen Sicherung unseres Unternehmenserfolges beitragen wollen und können, weil sie sich von großem Vertrauen zu uns und unserer Leistungsfähigkeit geprägt mit ihren Wünschen, Problemen und Sorgen an uns wenden. Wir sehen, wie wir durch die schrittweise Vorgehensweise Vertrauen aufbauen im Vorfeld der Auftragsvergabe und es den Kunden so leicht wie irgend möglich machen sich zu entscheiden. Zudem werden wir uns mit den drei Verstärkern des NFS beschäftigen und sehen, wie wir unseren Erfolg festigen und gleichzeitig beschleunigen können.

Das NACHFRAGE-SOG-SYSTEM© (NFS)

Anfang der achtziger Jahre erkannte Horst-Sven Berger, der bis dahin in mehreren großen Werbeagenturen in leitenden Positionen gearbeitet hatte und sich dann selbstständig gemacht hatte, dass vor allem im Bauhandwerk ein großer Bedarf an gezieltem und systematischem Marketing notwendig war. Aber wollten Handwerker damals Marketing machen? Wollen sie es denn heute? So hat er den Begriff Marketing durch ein Kunstwort ersetzt und das ist das NACHFRAGE-SOG-SYSTEM©. Dieser Begriff setzt sich aus drei Worten zusammen, von denen nach meinen Erfahrungen – wie weiter vorne im Buch schon mehrfach gesagt - für eine erfolgreiche Umsetzung das wichtigste das letzte ist: „System".

Heute wissen wir, dass dieses Marketingsystem in allen Branchen und Sparten funktioniert. Aus den Erfahrungen mit hunderten von Beratungskunden haben wir erfahren dürfen, dass es in leicht modifizierter Form im Ein-Mann-Dienstleistungsbetrieb ebenso funktioniert wie bei Herstellern mit mehr als tausend Mitarbeitern. Nachgewiesener Maßen ist auch der Einsatz

Das Nachfrage-Sog-System
Der Weg zum Stammkunden

Nachfrage:
Die eigene Leistung bedarfsgerecht aus Kundensicht zeigen ▶
nachgefragt werden

Sog:
Qualität in Beratung und Leistung aus Kundensicht ▶
weiterempfohlen werden

System:
Schritt für Schritt und kontinuierlich das ganze Jahr über ▶
mit Zielvorgabe und Plan

© Copyright 2004*DIALOG-PARTNER-ANTON-DOSTAL*D-65817 Eppstein

einzelner Teile aus dem NFS erfolgreich, aber wer wirklich langfristigen und dauerhaften Erfolg haben möchte, der tut gut daran, sich die Systematik zu verinnerlichen. „Das ganzheitliche NFS basiert auf konsequenter Kundenorientierung und stellt die Leistung des Unternehmens überzeugender dem Kunden dar, so dass im Markt ein Sog für die Unternehmensleistung (Produkt und/oder Dienstleistung) entsteht. Damit verringert sich der Wettbewerbsvergleich und führt nachweislich und spürbar bei der Auftragsbeschaffung zu besseren Erträgen und zu einer kontinuierlicheren Auftragsauslastung." Dieses Zitat aus der Homepage von Herrn Berger (www.promoter.de) beschreibt am genauesten worum es hierbei geht. Das NFS ist eine ganzheitliche Marketingmethode zur kontinuierlichen Auftragsauslastung.

Inzwischen haben über 10.000 Unternehmer, Führungskräfte und Mitarbeiter das Nachfrage-Sog-Seminar besucht. Unternehmer die vormals ca. 1 Million DM-Umsätze gemacht haben, erreichen heute teilweise Umsätze von 10 Mio. Euro. Der Gesamtumsatz aller Nachfrage-Sog-Anwender wird heute – nach 20 Jahren – auf gut 10 Mrd. Euro geschätzt. Eingesetzt wird das NFS schwerpunktmäßig in Deutschland und in Österreich aber auch in der Schweiz sowie im deutschsprachigen Norditalien und in den Niederlanden. Neben kleinen und mittleren Unternehmen mit ihren Inhabern und Geschäftsführern wenden immer mehr Führungskräfte das NFS erfolgreich an. Einige Mitarbeiter bewerben sich bereits mit ihren Nachfrage-Sog-Kenntnissen erfolgreich bei Anwenderunternehmern. Seit vielen Jahren unterstützen auch Verbände und Berufsorganisationen die Einführung des Nachfrage-Sog-Systems erfolgreich bei ihren Mitgliedern. Herr Berger macht seit 2004 selbst keine Seminare mehr, er bringt heute sein Wissen und seinen ungeheueren Erfahrungsschatz als Gastlektor der PEF Privatuniversität in Wien im Master-Studiengang „Bau-Management" ein. Die Basis-Seminare hier im Taunus führe heute ich weiter. Es gibt auch die Möglichkeit eine Lizenz für das NFS zu erlangen, so dass auch andere Trainer/innen mit dem NFS erfolgreich und zum Nutzen ihrer Kunden auf dem Markt agieren können.

Was ist das nun, dieses erfolgreiche und dynamische NACHFRAGE-SOG-SYSTEM©. Ist das eine von diesen Methoden, die uns Erfolg und Reichtum versprechen, ohne dass wir groß etwas dafür tun müssen? Nein, ich sage, es ist vielmehr eine Art Marketingarbeitsmethode, eine systematische Vorgehensweise, mit der wir unsere Leistungen bildhaft, also kundengerecht, darstellen und schrittweise bei den Interessenten und künftigen Kunden Vertrauen aufbauen können, damit diese in der Entscheidungsphase ein so klares Bild von unseren Leistungen und darüber wie diese sich zusammensetzen haben, dass der Preis nicht mehr Entscheidungskriterium Nummer 1 ist.

Bitte nicht falsch verstehen, das heißt nicht, dass wir unsere Leistungen – abgehängt vom übrigen Markt – zu Phantasiepreisen offerieren können. Das wollen wir auch nicht, weil es nicht kundengerecht wäre. Aber wir wollen für vernünftige Leistungen auch ehrliche Preise erzielen und das, so haben viele hundert Beispiele im NFS gezeigt, ist auch oder gerade heute möglich.

Ich selbst bin seit 1992 Anwender des Nachfrage-Sog-Systems und habe 7 Jahre zusammen mit Herrn Berger die Seminare im Taunus geleitet und ihn – wie schon in der Einleitung gesagt - bei vielen Schulungen und Vorträgen bei Verbänden und in großen und kleinen Unternehmen begleitet. Seit 1997 betreue ich Betriebe bei der Einführung und Umsetzung des Nachfrage-Sog-Systems und habe so in vielen hundert Fällen erleben dürfen, wie kleine Unternehmen, die anfänglich in ernsten Schwierigkeiten steckten, sich durch konsequente Anwendung des NFS geradezu blitzartig entwickelt haben und heute wirtschaftlich gesund in eine aussichtsreiche, gesicherte Zukunft schauen.

Aber ich habe auch die gesehen, die nicht bereit oder fähig waren, ihre Einstellung den Kunden gegenüber zu ändern und die anfängliche Mehrarbeit für die Einführung des NFS zu leisten. Ich erzähle dies hier nicht um irgendwen zu demotivieren, sondern, weil ich klar machen möchte, dass es natürlich am Anfang Widerstände zu überwinden und Investitionen – zumindest in Zeit und Energie - zu leisten gilt, bevor das NFS seine ganze Wirksamkeit bringen kann. Aber danach tut sich einem eine ganz neue, wie ich behaupte, wunderbare Welt auf. Eine Welt, in der wir nicht mehr mit Kunden kämpfen, sondern sie als vertrauensvolle Partner erleben, die im Miteinander zum gegenseitigen Nutzen leben wollen und können.

Seit 1978 beschäftige ich mich schon mit der Wirkungsweise des menschlichen Gehirns und den daraus abzuleitenden Auswirkungen auf unser ganz alltägliches Verhalten. So habe ich jetzt durch das fantastische Buch „Brain Script" von Hans-Georg Häusel (* 6) eine große Bestätigung dafür bekommen, was wir schon seit vielen Jahren machen. Er beschreibt „Wie man mitten ins Herz seiner Kunden trifft" und erklärt im Absatz „Cue-

Management": Die hohe Schule der Verführung", wie und warum unsere Vorgehensweise im NFS schon seit vielen Jahren funktioniert.

Die Systematik

Schauen wir uns also jetzt einmal „Das dynamische NACHFRAGE-SOG-SYSTEM$^©$" an.

Bildlich gesprochen stellt sich uns das NFS als ein Trichter dar, in den oben die Adressen, die uns zur Verfügung stehen, also zuerst einmal die Zielgruppen-Adressen (ZG), eingefüllt werden. Demzufolge steht diese erste Ebene für den „Erstkontakt" mit den Interessenten.

Wenn wir diese dann zielgruppengerecht und gemäß ihres derzeitigen Kenntnisstandes informiert haben und sie sich bei uns melden und nach mehr Information verlangen, erreichen sie die nächste Stufe, die für Wissens-Interessenten (WI). Also die Ebene für „ausführliche Information". Hier dürfen wir schon etwas mehr Kompetenz zeigen und den künftigen Kunden auch etwas mehr Informationen abverlangen, denn wir wollen sie ja danach an der Hand nehmen und in Ebene 3 führen, damit sie Kauf-Interessenten (KI) werden und wir ihnen in der persönlichen Beratung Vorschläge zur preislichen Gestaltung unseres Angebotes machen können.

Damit haben sie schon den inneren Kreis erreicht und jetzt wollen wir sie mit bildhafter Leistungsdarstellung und guter individueller Beratung behutsam, aber sicher in den Kreislauf bringen, der als Ziel hat, aus Interessenten Stammkunden zu machen. Deshalb legen wir allergrößten Wert darauf, dass diese persönliche Beratung kundenorientiert – im wahrsten Sinne des Wortes an den Kunden orientiert – und wunschgerecht verläuft.

Die nächste Stufe ist dann die der Kalkulation. Auch hier orientieren wir uns an den Kunden und ihren Wünschen und Bedürfnissen. Wir machen ihnen mehrere Vorschläge und lassen sie auswählen. Wir erklären ihnen auch, warum sie mehrere Vorschläge von uns bekommen und helfen ihnen bei der Auswahl. Eine bewährte Nachfrage-Sog-System-Weisheit besagt: „Wenn es einem egal ist, ob man den Auftrag bekommt oder nicht, dann schickt man das Angebot mit der Post. Wenn man den Auftrag aber wirklich haben möchte, dann bringt man ihn persönlich hin und erklärt die Inhalte und die Preisfindung".

Wir haben Nachfrage-Sog-System-Anwender, die mit einigem Training heute Abschlussquoten von über 85% im *ersten* Kundengespräch mit Hilfe der 3-Vorschläg-Methode schaffen und zwar in fünf- und sechsstelligen Euro-Bereichen. Doch mehr davon später bei den Tools.

Wenn wir den Kunden gut beraten haben und es demzufolge zur Auftragsausführung kommt, dann ziehen wir unsere Marketingaktivitäten nicht etwa zurück, arbeiten den Auftrag ab und das war's, nein, Wir machen auch während des Auftrags noch jede Menge Marketing. Als ich 1992 das NFS zum ersten Mal im Seminar kennen lernen durfte, da war dieser Part noch gar nicht im System mit drinnen. Doch durch viele gute Beispiele unserer Beratungskunden, haben wir später erkannt, dass man während der Auftragsausführungsphase wichtige Marketingmaßnahmen durchführen kann und auch muss. Vorausgesetzt, dass man den Kunden nachher in die Spirale zunehmenden Vertrauens führen möchte, damit er dauerhaft Stammkunde wird und somit zur langfristigen Sicherung unseres Unternehmenserfolges beitragen kann.

Wichtig ist vor allem, dass wir *Plusleistungen* erbringen, also Leistungen, die uns von den normalen Dienstleistungen abheben, von denen, welche der Kunde sowieso schon von uns erwartet. Und noch wichtiger, dass wir ihm diese auch bewusst machen. Zu diesem Thema empfehle ich das neue Buch von Edgar K. Geffroy „Schneller als der Kunde" (* 13), in welchem er aufzeigt, wie wir Kundenbegeisterung heutzutage nur noch erreichen, wenn wir Leistungen erbringen, die die Kunden selbst noch gar nicht von uns erwartet haben.

Wir *müssen* die Kunden aktiv erleben lassen, warum ihr Vertrauen in uns – welches sie ja mit der Auftragsvergabe gezeigt haben - gerechtfertigt ist. Wenn wir dann die Kunden solchermaßen zufrieden gestellt haben, dann möchten wir auch etwas zurück haben für all diese besonderen Leistungen, die wir bei ihnen erbracht haben. Dann führen wir den Kunden auf die nächste, so zu sagen höchste Stufe in unserem Unternehmen. Wir möchten, dass er durch Folge- und Treueaufträge Stamm- und später auch Treue-Kunde wird. Dass er uns empfiehlt und uns auch sagt, an wen er uns empfohlen hat. Das Ziel des Nachfrage-Sog-Systems ist es, dass jeder zufriedene Kunde durch gute

Erfahrungen mit uns, unserer Beratung *und* unseren Leistungen mindestens drei neue Kunden gewinnen hilft.

Das Nachfrage-Sog-System
Die Bausteine

Das Ziel des Nachfrage-Sog-Systems©

Jeder Kunde soll

durch gute Erfahrungen mit unserem Unternehmen in Beratung und Auftrags-Ausführung

mindest drei neue Kunden gewinnen helfen!

© Copyright 2004*DIALOG-PARTNER-ANTON-DOSTAL*D-65817 Eppstein

Ist das o.k., klingt das gut für Sie liebe Leserin / lieber Leser? Gut, dann dürfen sie jetzt an Hand ihrer Kunden einmal hochrechnen. Aber seien sie bitte nicht allzu enttäuscht, wenn es am Anfang nicht immer gleich drei oder mehr werden. Wichtig ist nur, dass *wir* das Ziel haben mindestens drei aktive Empfehlungen abzuholen. Sonst wird es nämlich gar keine und dann sind wir wieder so weit wie vorher.

Kommen wir noch einmal zurück zu den verschiedenen Ebenen des NFS. Normalerweise kommen die Interessenten immer über das Produktprofil (auch Dienstleistungsprofil) zu uns und in unser Unternehmen. Das bedeutet nichts anderes, als dass das Produktprofil auch etwas aussagen muss über die Leistung, die dahinter steht. Und zwar aus Kundensicht! Wenn wir dann auf unseren Fahrzeugen draufstehen haben „Firma Schmidt, HSK-Fachbetrieb, alle Leistungen"!?! Na, ich weiß nicht, ob ich da anrufen würde, wenn ich ein neues Bad haben wollte. Obwohl das natürlich fachlich korrekt wäre. Bei „Badparadies", „Bad kreativ", „Ihr Wellness-Bad" usw., da wüsste ich als Kunde schon eher etwas damit anzufangen.

Wenn nun die Interessenten sich über das Produktprofil an uns gewendet haben, dann möchten sie gerne wissen, kann dieser Anbieter das auch leisten? Welches Leistungsprofil hat er denn? Was geschieht denn, wenn ich mit dem in geschäftlichen Kontakt trete, wie kommt die Leistung zu Stande?

Und danach wollen sie wissen, wer steht denn hinter dieser Leistung, welches Unternehmensprofil hat dieser Anbieter? Gerade im Handwerk ist das oft entscheidend. Eine Firma in der fünften Generation strahlt bei vielen Privatkunden schon etwas mehr Vertrauen aus als eine GmbH & Co. KG.

Wenn der Kunde erst einmal in unserem Unternehmen Fuß gefasst hat, dann kommt noch ein viertes Profil dazu und das ist für den langfristigen und dauerhaften Erfolg das wichtigste, das Vertrauens- und Nutzenprofil. Das steht so zu sagen zuerst einmal an der Schwelle zu unserem Unternehmen. Wenn der Interessent diese Schwelle überwunden hat, dann will er auch bei uns Kunde werden, und dann müssen wir uns meistens schon arg dumm anstellen, damit er *nicht* Kunde wird. Gleichzeitig ist dieses Vertrauens- und Nutzenprofil das Bindeglied zum Folgeauftrag. Je höher dieses vom Kunden eingeschätzt wird, desto größer die Bereitschaft alle künftigen Leistungen bei uns und unserem Unternehmen abzurufen.

Hierbei müssen wir wissen, dass auch dies ein in unseren Gehirnen eingebauter Mechanismus ist, den wir nur konsequent zu nutzen brauchen.

Aus der Psychologie und Gehirnforschung wissen wir heute, dass unsere Gehirne eigentlich nicht unbedingt etwas Neues lernen wollen (* 6). Wir wandeln viel lieber auf gewohnten Pfaden. Und so geht es auch unseren Kunden. Hat man sich erst einmal an einen Leistungserbringer gewöhnt, möchte man eigentlich auch dabei bleiben. Nur leider wird uns das durch mangelhaftes Kundendenken oft so unendlich schwer gemacht, dass wir letztendlich doch *gezwungen* werden zu wechseln.

Wie, sie glauben mir nicht? Dann schauen sie sich doch einmal das Verhalten ihres Telefonnetz- oder Internetproviders an. Wenn man da nicht alle zwei Jahre wechselt, ist man doch – um eine gängige Werbung aufzugreifen – „blöd". Wer wechselt, der bekommt nagelneue Hard- und Software zum Nulltarif. Wer bleibt bekommt allenfalls das neueste Handy von vorgestern und/oder muss für neue Hardware-Komponenten viel Geld ausgeben. Die Kundenorientierung lässt grüßen!

Dabei wollen wir alle, wie schon oben gesagt, nichts ändern. Wir wollen uns gerne an einen Anbieter gewöhnen und nicht dauernd neues Vertrauen aufbauen müssen. Das ist auch der Grund, warum sich hier – beim Vertrauens- und Nutzen-Profil – nicht nur der Kreislauf des Nachfrage-Sog-System schließt, sondern die immer größer werdende Spirale der Vertrauensbasis beginnt – oder besser gesagt: Beginnen sollte. Jedes Mal wenn der Kunde mit unseren Leistungen in Beratung *und* Auftragsausführung wieder zufrieden ist, wird dieses Profil ein bisschen größer und stärker.

Da kann dann schon einmal etwas schief gehen. Dann ruft der Kunde eben an und sagt uns das und wir können nachbessern. Vielleicht schimpft er ein bisschen rum, macht seinem Ärger Luft, aber er tut dies bei uns. Und das ist das entscheidende.

Denken sie jetzt auch an das Wort „Erstkunde". Ist jetzt auch ein wenig klarer, warum dieses Wort so wichtig für die Mitarbeiter ist? Der Erstkunde ist nämlich noch nicht mehrfach hier vorbei gekommen, der muss noch gepflegt werden wie ein neues kleines Pflänzchen und behutsam in den Kreislauf unseres Nachfrage-Sog-Systems eingeführt werden.

Das bedeutet natürlich nicht, so zu sagen im Umkehrschluss, dass wir bei Stammkunden schludern dürfen. Nur sind da unsere Chancen zur Nachbesserung einfach größer. Erstkunden ziehen sich öfter mal enttäuscht und schnell zurück, wenn etwas nicht nach ihrem Wunsch und Willen geschieht. Und meistens sagen sie uns das noch nicht einmal. Das ist zwar unfair, aber menschlich. Und wir wissen ja, ein zufriedener Kunde empfiehlt etwa 3- 5-mal, ein unzufriedener zirka 7 - 12-mal. Aber, und das ist das Fatale, in die falsche Richtung. Übrigens gibt ein unzufriedener Kunde nach Marktuntersuchungen etwa 12 bis 20 positive Empfehlungen ab, wenn seine Reklamationen zu seiner Zufriedenheit erledigt wurden (* 1).

Wir sehen jetzt, wie das NFS funktioniert. Wir führen unsere Interessenten Schritt für Schritt in unser Unternehmen und lassen sie teilhaben an der Entwicklung der Leistungen, die zur Verwirklichung ihrer ganz speziellen und individuellen Wünsche führt. Das ist sicherlich nicht jedermanns Sache und manchem viel zu aufwändig. Man möchte den Kunden kennen lernen, vollquatschen, überzeugen und schnellst möglich zum Abschluss kommen.

Kaufreue vermeiden

Ich will auch gar nicht behaupten, dass es nicht solche „Verkaufgenies" gibt, die mit Hilfe ihrer ausgefeilten Verkaufstechniken Kunden „überzeugen" – oder sollten wir besser sagen „überreden" - können. Nur ist das immer ein riesiger Kraftakt (für beide) und die Frage ist, ob wir den leisten können, ob wir solche "Superverkäufer" sind. Denn eines ist klar, das kann man nicht lernen, dazu muss man schon der Typ sein, so zu sagen „dazu geboren" sein. Auch wenn uns mancher in seinen Vorträgen und Seminaren glaubhaft machen möchte, dass das alles ganz einfach ist, wenn wir nur seine Methode anwenden.

Und zum anderen ist eines auch bekannt: Stammkunden haben solche Leute extrem wenige. Denn kaum hat der Kunde den Kaufvertrag unterschrieben, so fragt er sich schon, ob er denn auch richtig gehandelt hat. Kaufreue nennt man so etwas im Marketing. Und aus Kaufreue ist sicherlich noch nie ein Vertrauen- und Nutzenprofil aufgebaut worden, welches gleichsam fast automatisch zu Folgeaufträgen und Empfehlungen führt. Und „gute Preise" muss so einer auch haben, denn ohne Vertrauensbasis läuft wirklich alles *nur* über den Preis, weil wir als Kunden dann nur wenig Vergleichs- und Entscheidungsmöglichkeiten haben, weil wir die Leistung nicht ausreichend kennen, nicht bildhaft vor Augen haben und unseren Nutzen nicht ganz genau sehen.

Der Kreislauf

Wenn wir also erkannt haben, dass wir zur langfristigen Unternehmenssicherung Stamm- und Treuekunden benötigen, dann erkennen wir auch, dass es wichtig ist, an dieser Stelle unseres NFS mehr Energie aufzubringen als dies oft bisher der Fall war.

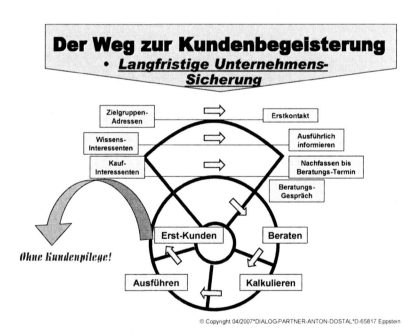

Von der Zielgruppenadresse bis zum Erstkunden setzen wir sehr viel Energie ein. Und diese würde jetzt schlicht und einfach verpuffen, wenn wir den Erstkunden nach dem Erstauftrag einfach ziehen lassen (vgl. Bild).

Aber oft fehlen die Leistungen und/oder die Produkte um die Kunden in dem Kreislauf zu behalten. Schade, dann verschenken wir jede Menge Zeit, Geld und Energie. „Ja soll ich denn einem, der gerade ein Haus mit uns gebaut hat, nächstes Jahr schon wieder eines bauen? Der zahlt doch erst einmal 27 Jahre ab. Das ist doch illusorisch!"

Wer so denkt, hat nicht verstanden, warum es wichtig ist, den Kunden zu behalten. Nicht immer – aber doch in den meisten Fällen – kann oder will man das selber lösen. Na gut, dann lösen wir es eben kooperativ. Das bedingt schon ein bisschen mehr Kreativität und Kundenorientierung als nur „Auftrag abwurzeln, - Rechnung stellen – fertig".

Aber immer behalten *wir* den Kunden in der Hand. Oder Sie können auch sagen in der Kundendatenbank. Und betreuen wir ihn. Denn wie schon eingangs gesagt, die Marktmacht hat heute nicht der, der die besten Produkte und Dienstleistungen verkaufen will, sondern der, der die Kunden hat und all ihre Wünsche und Bedürfnisse kennt.

In einem meiner vielen Vorträge formulierte neulich eine Teilnehmerin unseren Begriff Treuekunde neu, sie nannte diese „Lebenslang-Kunden" und dieser Ausdruck gefällt mir besonders gut. Wer heute schon so denkt, dem kann ich nur von ganzem Herzen gratulieren.

Die drei Verstärker des NACHFRAGE-SOG-SYSTEMs

Das NFS funktioniert mit dieser schrittweisen und bewährten Vorgehensweise sehr gut und bringt, wie viele hundert Beispiele aus großen und kleinen Unternehmen zeigen konsequent angewendet auch einen dauerhaften Erfolg, der zur langfristigen Unternehmenssicherung beiträgt. Aber wie so oft im Leben, es gibt eigentlich nichts, was man nicht immer noch ein bisschen besser machen könnte, und so stelle ich in dem nächsten Abschnitt die drei Verstärker vor, so zu sagen den Turbogang fürs Nachfrage-Sog-System.

Ziele haben setzt Energien frei

Verstärker Nummer eins sind klare Unternehmensziele. Es ist kaum zu glauben, aber aktuelle Untersuchungen zeigen, dass ein Großteil aller deutschen Unternehmen keine niedergeschriebenen Ziele hat und/oder dass die Unternehmensziele nicht allen Mitarbeitern bekannt sind. Dann braucht man sich eigentlich auch nicht zu wundern, dass so viele Unternehmer mit dem Engagement ihrer Mitarbeiter nicht zufrieden sind. Wenn doch keiner weiß, wo es hingehen soll?

Im Rahmen der DIN/ISO-Zertifizierungen werden oft hehre Ziele erklärt. Diese werden dann auch niedergeschrieben und im besten Fall irgendwo im Unternehmen aufgehängt. Und da hängen sie dann! Meistens aber verschwinden sie in schönen Ordnern – Handbüchern – und machen nur den Auditor glücklich. Zudem haben sie meistens mit Kundennutzen nicht viel gemeinsam und sind so abstrakt gefasst, dass man sich auch konsequenterweise nicht größer daran hält.

Wir machen das in Zukunft besser. Ziele werden immer, immer, immer schriftlich gefasst und sie werden immer quantifiziert. Ohne Quantifizierung sind das nämlich nur Wünsche. Was nutzt es, wenn wir uns vornehmen zum Beispiel Marktführer in einer bestimmten Region für eine bestimmte Leistung zu werden, wenn wir nicht wissen bis wann und was das in Euro und Cent oder in Stückzahlen bedeutet?

Viele Zielbestimmungen sind abstrakt, weil uns eine innere Stimme flüstert: „Wenn du dich jetzt festlegst, dann bis du messbar!" Aber genau das wollen wir, messen. Mengen, Zeiten, Geld usw. Wir machen unsere Ziele mess- und unterteilbar.

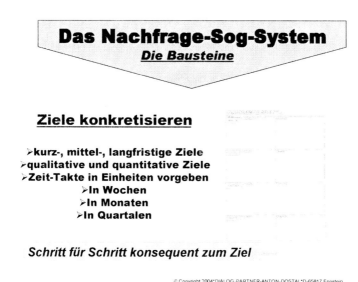

Wo wollen wir in zwölf Monaten sein, welchen Umsatz in sechs Monaten erreicht haben, wie viel Kunden benötigen wir um unser Sollziel zu erreichen? Ein Beispiel: ein Kleinunternehmen benötigt im ersten Jahr 60.000 Euro Umsatz mehr. Jetzt können wir das in zwölf Monatsschritte einteilen, dann haben wir 5.000 Euro zusätzlichen Monatsumsatz.

Das ist meinetwegen ein Auftrag pro Monat. Um einen Auftrag pro Monat zu gewinnen, benötigt der Unternehmer drei Erstgespräche mit Kauf-Interessenten. Um an drei KIs heranzukommen, müssen 27 WIs angeschrieben werden, die aber haben wir aus einem Mailing an 80 Haushalte bekommen. Daraus folgt, dass wir jede Woche 20 Briefe an ausgesuchte Adressen unserer Zielgruppe versenden müssen, wenn wir einen dauerhaften Auftragseingang verzeichnen wollen.

Natürlich ist das nur ein Beispiel, aber es ist ein konkretes. Mit genau dieser Aktion haben wir 2005 ein Familienunternehmen gerettet.

Wichtig ist dabei, dass wir die Systematik erkennen, die dahinter steht: Dass wir den Weg, der zur Erreichung eines Zieles notwendig ist, ganz konkret aufzeichnen und dann in die kleinsten sinnvollen Einheiten zerlegen.

Das Nachfrage-Sog-System
Die Bausteine

**Ziele kurzfristig überprüfen =
den Weg in sinnvolle kleine Schritte unterteilen!**

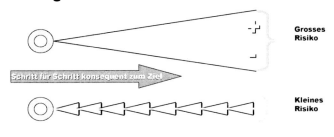

© Copyright 2004*DIALOG-PARTNER-ANTON-DOSTAL*D-65817 Eppstein

Wir neigen dazu, den zweiten Schritt vor dem ersten machen zu wollen. Aus unserer Kindheit wissen wir, wohin das führt – man fällt auf die Nase. Das können wir vermeiden, wenn wir uns kleine Zwischenziele einbauen. Dann ist auch die Gefahr vom rechten Weg abzukommen viel kleiner.

Auch hierzu noch ein Beispiel. In der Bautechnik ist der Begriff des Bauzeitenplans bekannt. Nun machen viele Unternehmer den Fehler, dass die Zeiteinheiten viel zu großzügig und die Zeiträume zu langfristig gefasst werden. Wenn ein Subunternehmer einen Bauabschnitt von einem Monat hat, dann wird meist am Ende des Monats abgeglichen, ob dieser im Zeitplan ist.

Ist er das nicht, ist ein Gegensteuern meist nicht mehr möglich. Dann stehen die anderen Gewerke schon hinten an und schwupp ist der ganze Zeitplan im berühmten Eimer. Andere teilen in kleinere Einheiten ein und kontrollieren jeden Freitag um 16:00 Uhr. Ist dann die Zeit nicht eingehalten, kann noch rechtzeitig gegengesteuert werden. Und genauso machen wir es im systematischen Marketing: Kleine Zeiteinheiten und rechtzeitig gegensteuern, wenn wir merken, dass etwas nicht so läuft, wie wir uns das vorgenommen haben.

Es ist eigentlich hinlänglich bekannt: "Ziele haben setzt Energien frei!" Und wenn diese Ziele entsprechend kommuniziert werden, bei Mitarbeitern, aber auch bei Kunden, dann werden eben viele Energien freigesetzt. Wenn wir jeden Tag mit allen möglichen Leuten über unsere Ziele und zwar über die kleinen, kurzfristig erreichbaren sprechen, dann bekommen wir auch viele Impulse und Anregungen zur Erreichung dieser Ziele. Und meistens auch viele kleine Trainer und Coaches: „Sag mal, wolltest du nicht eigentlich bis Ende des Sommers dein neues Buch fertig haben?" Ups, na ja, dann mal ran!

Also, nochmals zusammenfassend: Ziele schriftlich formulieren, in Haupt- und Teilziele unterteilen, kommunizieren und in regelmäßigen Abständen abgleichen und, wenn nötig, korrigieren. Ganz konsequent, das macht wirklich erfolgreich!

Klare Zielgruppenorientierung

Kommen wir nun zu **Verstärker Nummer zwei.** Den kennen wir schon aus Kapitel 2, als wir uns unsere Kunden eingeteilt haben in Kundengruppen oder auch Zielgruppen (ZG) genannt. Weil der Begriff Zielgruppe sich im Marketing so eingebürgert hat will ich ihn ab jetzt auch hier verwenden, obwohl ich persönlich nicht unbedingt auf Kunden zielen möchte und wir intern nur Kundengruppe verwenden.

Verstärker Nummer zwei also ist eine klare Zielgruppenorientierung. Obwohl dieser Begriff täglich in irgendeiner

Das Nachfrage-Sog-System
Die Bausteine

Verstärker 2:

Zielgruppen- und Kundengruppen-Transparenz schaffen!

privat   **gewerblich**   **öffentlich**

© Copyright 2004*DIALOG-PARTNER-ANTON-DOSTAL*D-65817 Eppstein

Wirtschaftszeitschrift zu lesen ist, erlebe ich doch ständig, dass er offensichtlich für die meisten von uns noch nicht richtig greifbar ist, immer wieder falsch interpretiert wird und demzufolge zu vielen Irrwegen führt.

Die Sprache der Zielgruppe sprechen

Aber zuerst einmal wollen wir uns anschauen, warum das mit der Zielgruppenorientierung so wichtig ist. Nachgewiesen hat das in den siebziger Jahren schon Prof. Meves in seiner EKS-Strategie (* 3). Stellen wir uns doch nur einmal vor, ein Unternehmer hat Kunden aus den Bereichen private, gewerbliche und öffentliche Auftraggeber. Morgens um 8:00 Uhr einen Termin beim ausschreibenden Amt, mittags einen mit dem Generalunternehmer und abends geht er dann noch zu der Baufamilie, um die neuesten Planänderungswünsche durchzusprechen. Drei verschiedene Sprachen, drei verschiedene Vorgehensweisen, dreimal ganz verschiedene Wünsche und Bedürfnisse. Das schlimmste, was ihm jetzt noch passieren kann, ist, wenn er alle drei Aufträge bekommt!

Das ist auch wieder nur ein Beispiel, aber es zeigt klar auf, was die Auswirkungen sind: Verzettelung und Verwirrung. Am Ende beschweren wir uns dann darüber, das wir nicht mehr mit den ständig steigenden Ansprüchen der Kunden klar kommen und uns die Kunden nicht verstehen oder umgekehrt.

Das sind die internen Schwierigkeiten eines Bauchladensystems. Die äußeren sind, dass wir von den Kunden nicht als Problemlöser erkannt werden. In Kapitel 2 haben wir es schon gesehen: „Die eigene Leistung muss zum Kundenwunsch passen wie der Schlüssel zum Schloss!" Dann lösen wir auf dem Markt eine Sogwirkung aus. Wenn nicht, dann sind wir ein Anbieter unter allen und werden mit allen anderen verglichen. Wie aber vergleichen die Kunden in so einem Fall? Stimmt, mit dem Preis!

Nischenstrategie durch Zielgruppenorientierung

Durch eine klare Orientierung auf die Zielgruppe, die am besten zu den Stärken unseres Unternehmens passt, erreichen wir im optimalen Falle ein Alleinstellungsmerkmal (USP, unique selling proposition). Oder wir besetzen eine Marktlücke oder eine Marktnische (* 7).

Das sind vor allem Strategien, die auch kleine Unternehmen schnell erfolgreich machen können und zwar ganz ohne den Einsatz großer Investitionen. Aber aufpassen! Gerade bei der Selektierung von Erfolg versprechenden Zielgruppen werden oft gravierende Fehler gemacht. Die Selektierung der Zielgruppen nur nach Berufsgruppen macht wenig Sinn. Besser ist da schon die Vorgehensweise von Gunter Steidinger. Er gliedert – wie oben schon ansatzweise beschrieben - zum Beispiel eine Berufsgruppe, Altersgruppe, Branche (Senioren, Singles, Frauen, Ärzte, Banken, Druckereien, Gemeinden usw.) mit dem morphologischen Tableau nach 8 bis 10 Merkmalen und deren Ausprägungsvarianten so, dass homogene Teilzielgruppen entstehen. In deren spezifische Situation kann man sich leichter hineindenken und das brennendste Problem bzw. das für die Zielgruppe interessanteste Thema zur gezielten, bedarfsgerechten Zielgruppenansprache herausfinden.

Da wir uns aber in diesem Buch nicht mit Unternehmensstrategien beschäftigen wollen, sondern mit Marketing, schauen wir uns jetzt an, was wir dann mit so einem Alleinstellungsmerkmal auf dem Markt machen. Das Wichtigste ist zu erst einmal wieder, dass alle Mitarbeiter sich der Stärken des Unternehmens und deren Bezug zu den Wünschen und Bedürfnissen der Kunden bewusst sind, diese auch nach außen tragen können und in die Lage versetzt werden beim Kunden Informationen abzuholen, die es dem Unternehmen erlauben schnell und präzise auf Marktbedürfnisse und Marktveränderungen zu reagieren.

Schließlich sind die wichtigsten Mitarbeiter die, welche mit den Kunden in Berührung kommen, denn die repräsentieren unser Unternehmen und sollen im Optimalfall die Marktimpulse von den Kunden mit nach Hause in das Unternehmen bringen. Diese neuen Impulse sollen dann wieder in das strategische Konzept einfließen und unsere Marketingaktivitäten stets „marktgerecht", das heißt, an den aktuellen Wünschen und Bedürfnissen der Kundschaft, ausrichten.

„Mitarbeiter müssen neue und wichtige Informationen von außen in das Unternehmen hineintragen und diese Information muss in kollektives Wissen übergehen", sagt Dr. Hans-Georg Häusel (* 6) - Recht hat er. Dazu müssen die Mitarbeiter aber zuerst vom Unternehmen in die Lage versetzt werden, doch davon später mehr in Kapitel 4, wenn wir über das NFS und seine Bedeutung für die Mitarbeiter sprechen.

An dieser Stelle wollen wir uns ein gelungenes Beispiel für Zielgruppenorientierung anschauen. Ein Malermeister aus dem Stuttgarter Raum hatte einen Auftrag bekommen zur Nachbesserung eines größeren Objektes, das ein Kollege „verpfuscht" hatte. Nach Auftragserteilung erfuhr er, dass diese mißlungene Arbeit durch einen gerichtlich bestellten Gutachter bewertet worden war. Nun hätte er den Auftrag einfach nach den schriftlichen Angebots- bzw. Auftragsangaben abarbeiten können. Da er aber Angst hatte, dass er aus dem Blickwinkel des Gutachters auch Fehler macht, und da die Kundschaft natürlich durch die Vorgeschichte hoch sensibilisiert war, hat er sich an den Gutachter gewendet und detailliert erfragt, welche Anforderungen dieser an eine Nachbesserung stellt. Er hat sich also nicht mit den schriftlichen Anforderungen des Gutachters zufrieden gegeben. Danach hat er die Erkenntnisse seines Gesprächs mit dem Gutachter auch noch mit der Kundschaft abgesprochen und konnte so den Nachbesserungsauftrag zur vollsten Zufriedenheit aller Beteiligten abwickeln.

Wenige Wochen später rief der Gutachter bei ihm an und fragte, ob er einen weiteren großen Auftrag übernehmen würde, der aber im Münchener Raum war. Da unser Malermeister nicht viel zu tun hatte, hat er – trotz der großen Entfernung - zugesagt und ist für zwei Wochen nach München gezogen, um dort den Auftrag, der gut bezahlt wurde, abzuwickeln. Nach dem gleichen Schema: Zuerst intensive Bedarfsermittlung beim Gutachter, dann intensive Kundenwunschermittlung.

Jetzt erkannte er die Marktlücke und hat seine Leistungen auch anderen Gutachtern angeboten und sich als Spezialist für Nachbesserungen im hochwertigen Bereich – unter Nennung der Referenzen – angeboten. Da Gutachter auch interne Netzwerke haben und sich zum Beispiel auf Fortbildungsmaßnahmen immer wieder sehen, ist unser Malermeister heute ein gut bezahlter Spezialist, der Aufträge in ganz Deutschland, von der Ostsee bis zu den Alpen, abwickelt.

Die Mitarbeiter und Ausrüstung (Gerüste, Maschinen usw.), die er dazu benötigt, leiht er sich vor Ort von Kollegen aus, die oft froh sind, dass sie ihre Leute mal eine Zeit lang nicht selbst bezahlen müssen, ja, sie sogar noch am Ausleihen etwas verdienen.

Nun werden manche sagen, der hat Glück gehabt, andere werden sagen das war ein Zufall. Ich aber sage, das ist Kundenorientierung und Marktdenken! Glück ist, wenn Zufall auf Bereitschaft trifft! Unser Malermeister hat einen als dringend empfundenen Engpass entdeckt, nämlich das Bedürfnis nach hohem Vertrauen in die Zuverlässigkeit der Bedarfsermittlung *und* der daraus hervorgehenden Auftragsabwicklung. Er macht sich halt vor dem Auftragsbeginn sehr viel mehr Mühe, die tatsächlichen Wünsche aller Beteiligten herauszubekommen, und wird deshalb mit deutlich besseren Preisen belohnt.

Es gehört oft schon etwas mehr Mut dazu, neue, ausgefallene Wege einzuschlagen und das ist gewiss nicht jedermanns Sache, aber die, die es schaffen, glänzen auf dem Markt und machen Mut, es ihnen gleich zu tun.

Größere Unternehmen, die mehrere Leistungsbereiche haben, machen aus ihren Leistungsbereichen heute eigene, kundenwunschbezogene Abteilungen und haben ihr Organigramm demzufolge einfach herumgedreht.

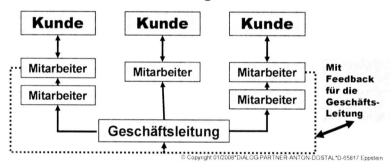

Im Vordergrund stehen die Kunden mit ihren Bedürfnissen und Wünschen, in der ersten Ebene die Mitarbeiter mit direktem Kundenkontakt und im Hintergrund die Geschäftsleitung, die nun endlich Zeit, Informationen und Entscheidungsfreiheit für die wichtigen strategischen Maßnahmen zur langfristigen Unternehmenssicherung bekommt.

Die eigene Leistung als Bild im Kopf des Kunden verankern

Der **Verstärker Nummer drei** ist das Thema „Leistungen besser darstellen". Wir alle haben ein großes Problem damit, wenn wir Leistungen einkaufen sollen, die wir noch niemals vorher erlebt haben. Ganz besonders schlimm kann das für Kunden sein, wenn es um so wichtige und nachhaltige Dinge geht, wie zum Beispiel beim Hausbau. Mancher Kunde ist schon krank geworden vor lauter Sorgen darüber, wie das nachher alles ausgehen soll.

Aber dies ist ein grundsätzliches Problem und nicht auf einige wenige Leistungsbereiche beschränkt. Mal ehrlich liebe Leserin / lieber Leser, was für ein „Bild" haben Sie von den Leistungen Ihres Steuerberaters im Kopf? Na, sehen Sie, und dafür will der auch noch dauernd Geld haben!

Was geschieht da, wie kommt die Leistung denn zustande, kann ich diesem Leistungserbringer wirklich trauen, was muss ich als Kunde selber leisten, damit nachher alles so ist, wie ich mir das vorstelle, bin ich überhaupt richtig verstanden worden? Jeder von uns möchte im Vorfeld der Auftragsvergabe die Sicherheit haben, dass so genau wie irgend möglich nachher das dabei herauskommt, was wir uns in unserem Innersten gewünscht haben.

Das heißt doch nichts anderes, als dass wir als Kunden ein möglichst genaues Bild davon haben möchten, wie die Leistungen zu Stande kommen. Am Anfang steht das Angebot. Oft mit einem Text, den wir nicht richtig verstehen, mit Plänen, die wir nicht richtig deuten können, und am Ende steht unser Traum.

Was passiert dazwischen? Wie kommt diese Leistung zu Stande? Welche Schritte sind notwendig, damit unser Wunschtraum in Erfüllung geht? Die Marketingleute nennen das den „Blackbox-Effekt".

Der Weg vom Kundenwunsch zur Wunscherfüllung

Der Weg vom Kundenwunsch zur Wunscherfüllung liegt im Dunkeln. Wie sollen wir – als Kunden – denn dann nachvollziehen können, warum das alles so furchtbar teuer ist? Wir haben im NFS dazu einen Merkspruch: „Wer den Preis nicht akzeptiert, hat die Leistung nicht kapiert und wird von der Konkurrenz kassiert!" Das heißt, wenn der Kunde die Leistung nicht versteht, dann haben *wir* es versäumt, ihm diese bildhaft zu vermitteln.

▶ **Wer den Preis nicht akzeptiert**
▶ **hat die Leistung nicht kapiert**
▶ **und wird von der Konkurrenz kassiert!**

© Copyright 2004*DIALOG-PARTNER-ANTON-DOSTAL*D-65817 Eppstein

Und dann ist er zuerst einmal wieder weg der Kunde. Nur, so frage ich Sie lieber Leser / liebe Leserin allen Ernstes, wer ist denn dann daran schuld? Klar doch, der blöde Kunde: „Hätte sich ja auch mal ein bisschen anstrengen können und hätte unser 47-seitiges Angebot richtig lesen können. Und unsere schönen Pläne, die haben *uns* doch soooo gut gefallen und dann entscheidet

dieser undankbare Kunde nachher doch wieder nur über den Preis. Die Welt ist halt doch nur schlecht und undankbar!"
Scherz beiseite. Ist es nicht *unsere* Pflicht dafür zu sorgen, dass Kunden das richtige Bild von unserer Leistung im Kopf haben?

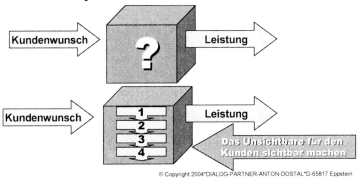

Doch wie lösen wir dieses Problem, wie das Spannungsfeld zwischen Wunsch und Wunscherfüllung sichtbar zu machen? Das ist meist gar nicht so schwer, wie es sich anhört. Zum Beispiel mit der Darstellung von Ablaufprozessen.

Wir nehmen, bildlich gesprochen, den künftigen Kunden an der Hand und führen ihn Schritt für Schritt durch unser Unternehmen beziehungsweise durch die Entstehungsgeschichte seiner Leistung.

Wir zeigen ihm Schritt für Schritt, wie diese Leistungen entstehen, zur Wunscherfüllung werden und wir zeigen ihnen darüber hinaus: „Wir sind auch nachher für dich da, wir betreuen dich auch über die pure Auftragserfüllung hinaus, wenn du das wünschst". Das gibt Sicherheit und schafft Vertrauen im Vorfeld der Auftragsvergabe. Und ich wiederhole es hier nochmals deutlich: „Ohne Vertrauen ist heute – mehr denn je – kein Blumentopf mehr zu gewinnen, geschweige denn ein Stammkunde!" Wir sind demzufolge gehalten ein Leistungsbild zu schaffen, das den Interessenten und Kunden zeigt, wie unsere Leistung zu Stande kommt, von der ersten Kontaktaufnahme bis zur Nachbetreuung um den Blackbox-Effekt auszuschalten. Sonst zwingen wir den Kunden wieder mittels des einzigen Machtmittels zu entscheiden, das er genau kennt: Na ja, sie wissen schon – dem Preis.

Kapitel 4

In diesem Kapitel wird es „praktisch". Wir werden uns in sieben Schritten den Tools (den Werkzeugen) des NACHFRAGE-SOG-SYSTEMs widmen. Diese sieben Schritte sind eine praxisnahe Anwendungsanleitung zur Umsetzung des NFS.

Die sieben Schritte zur Umsetzung des NACHFRAGE-SOG-SYSTEMs
... und zur Installation eines nachhaltig wirkenden, systematischen Marketingsystems für kleine und mittelständig Unternehmen.

1. Kundendatenbank einrichten,
2. Marktanalyse als Vorbereitung zum Erstkontakt
3. Erstkontakte schaffen (ZG)
4. Ausführlich informieren (WI)
5. Nachfassen bis zum Beratungstermin (KI)
6. Persönlich beraten und kalkulieren (EK)
7. Stammkundenpflege (StKd) => Kapitel 5

1. Die Kundendatenbank einrichten

Die Kunden-Datenbank ist das Herz und die Seele jeden Marketings. Darüber sind sich eigentlich alle Fachleute einig. Es gibt heute in den meisten Unternehmen irgendeine Software zur kaufmännischen und/oder technischen Erfassung und Bearbeitung der Aufträge. Da werden dann so wichtige Daten wie die Tatsache, ob der Kunde die Rechnung früher oder später bezahlt hat oder welche Planungsgrundlagen für die Erstellung des Angebotes erhoben wurden, zusammen getragen. Nicht, dass ich hier falsch verstanden werde, ich möchte das nicht negativ bewerten. Solche Daten über die Kunden sind wichtig und können und sollen auch zur Selektion verwendet werden.

Natürlich ist es sehr wichtig zu wissen, ob wir es mit einem guten oder schlechten Zahler zu tun haben, aber können wir daraus eine „Erfolg versprechendste Zielgruppe" kreieren? Eher selten. Das heißt, diese kaufmännischen und/oder technischen Daten sind wichtig, aber sie sind nicht ausreichend, um einer systematischen Herangehensweise an Interessenten und Kunden zu genügen.

Hierzu müssen wir in der Lage sein, möglichst viele Daten über den *Menschen* zu sammeln, über den, den wir Kunden nennen. Ich betone es hier nochmals mit allem Nachdruck: Es ist unmöglich einem Unternehmen etwas zu verkaufen. Ein Fehler, den ich im B to B-Geschäft immer wieder beobachte. Gerade habe ich in einer der führenden Zeitschriften zum Thema Sales-Promotion gelesen, wie man Entscheidungsteams überzeugt. Nach meinen Erfahrungen ist das schon im Ansatz zum Scheitern verurteilt. Erstens können wir niemanden „überzeugen", das kann bekanntlich nur jeder für sich selbst tun und zweitens hat jedes Team einen/eine Meinungsmacher/in. Wenn es uns gelingt diese/n ausfindig zu machen und ihm/ihr einen konkreten Nutzen zu bieten, dann haben wir schon mehr als halb gewonnen.

Wir haben eine Gruppe von Unternehmen, die sich auf Sportplatzbau spezialisiert haben. Deren ganzes Trachten und Tun gilt zuerst einmal dem Platzwart, den sie auf ihre Seite bekommen möchten. Alle anderen Unternehmen aus der Branche wissen ganz genau, dass das Quatsch ist, weil Sportplatzbau immer öffentliche Ausschreibung ist und es dabei natürlich nur um den Preis geht. Aus diesem Grund ziehen sich auch viele große Unternehmen der Garten- und Landschaftsbaubranche seit Jahren aus dem Sportplatzbau zurück. Nur unsere NFS-Anwender bringen jedes Jahr neue nutzenorientierte Lösungen heraus, die an den tatsächlichen Bedürfnissen der Sportplatzbesitzer und -nutzer ausgerichtet sind, und holen so einen Auftrag nach dem anderen.

Wir sehen an diesem Beispiel, es geht um mehr als um Debitoren und Kreditoren, es geht darum zu selektieren, welchen konkreten Nutzen hat welcher Kunde angefordert. Können wir aus den Anforderungen unserer Kunden ein Nutzenprofil formen, steht dahinter vielleicht eine ganze Kundengruppe (Zielgruppe), welche Erfolg versprechend ist, und die uns durch Spezialisierung auf deren ganz spezielle Anforderungen vielleicht sogar eine Marktnische öffnen, die bisher so noch nicht abgedeckt, vielleicht überhaupt noch von niemand gesehen wurde.

Die Beispiele hierfür sind unzählig. Von Aldi bis Würth, alle haben durch die Beobachtung ihrer Kunden, deren Gewohnheiten und/oder deren Bedürfnisse, eine Marktnische oder gar eine Marktlücke gefunden, in der sie die Generalisten unter den Anbietern in oft Schwindel erregender Geschwindigkeit abgehängt haben. Heute ist es tatsächlich schwerer geworden, solche Marktlücken auszumachen. Unser Markt ist schon weitgehend erforscht und die weißen Flecken auf der Landkarte des Marktes sind klein und rar geworden.

Genau das ist aber die Chance der Kleinen. Jeden Tag tun sich neue Nischen auf und nur die Flexiblen, die Schnellen machen das Geschäft. Große Unternehmen sind dazu oft viel zu träge in ihren Entscheidungsstrukturen. Nur, und damit kommen wir wieder zur Kundendatenbank, dazu müssen wir unsere Kunden ganz genau kennen.

Nun bekomme ich immer wieder vorgehalten, dass das ja letztendlich doch zum „gläsernen Kunden" führt und solch ein „Ausspionieren" der Kunden mit Datenschutz nicht vereinbar sei. Mit Sicherheit liegen da die Grenzen in einer riesigen Grauzone. Aber auf der anderen Seite habe ich bis zum heutigen Tag noch keinen einzigen Kunden erlebt, der an seinem ganz persönlichen Nutzen orientiertes Angebot abgelehnt hat, weil er sich ausspioniert fühlte.

Das offene Geheimnis dabei ist wohl wirklich, dass wir ehrlich bleiben und uns tatsächlich am Nutzen der Kunden orientieren. Alle anderen Konzepte mögen kurzfristige Erfolge zeitigen, langfristig sind sie sowieso zum Scheitern verurteilt, denn unsere Kunden (Kunden sind ja auch wir) sind eben wirklich "nicht blöd".

Wie muss die Kundendatenbank aussehen?

Wie also muss so eine Kundendatenbank aussehen, die uns die oben genannten Möglichkeiten der Kundenselektion erlaubt?

Neben den Stammdaten muss sie zuerst einmal unser gesamtes Leistungsverzeichnis abbilden, damit wir uns bei jedem Kunden notieren können, welche Leistungen wir diesem noch anbieten können. Wir nennen das im NFS den Auftragsvorrat.

Besonders anschaulich kennen wir das aus der Dienstleistungsbranche und dem Handwerk. Wie oft geschieht es wohl jeden Tag in Deutschland und anderswo, dass ein Handwerker in einem Haushalt eine Leistung erbringt – zur vollsten Zufriedenheit des Kunden – und dieser Kunde dann für eine andere Leistung händeringend nach einem anderen Anbieter sucht, obwohl der erste diese Leistung auch in seinem Potfolio, sprich Leistungsspektrum, hat?

Problemlösungskompetenz zeigen

Hätte der dumme Kunde doch auch mal fragen können! Oder? Wer aber schon im Haus des Kunden ist, der braucht nur mit offenen Augen durchzugehen und sich zu notieren, was dieser Kunde später noch alles gebrauchen könnte.

Nicht gleich beim ersten Mal den Kunden auslutschen wie eine Zitrone, das ist nicht gemeint! Nutzenorientiert aufzeigen wo wir helfen und Wünsche erfüllen und Engpässe der Kunden beseitigen können.

„Ach so, Herr Dostal, das gilt natürlich für Handwerker, aber was machen wir, die wir keine Handwerker sind?"

Betreten wir nicht alle - im übertragenen Sinn - das „Haus unserer Kunden", wenn wir einen Auftrag für sie ausführen? Die Frage ist nur, sind wir bereit, uns das bisschen Mehrarbeit zu machen, uns in diesem Haus umzusehen und mit den Kunden über deren Wünsche und Bedürfnisse zu sprechen, und haben wir dann Werkzeuge (zum Beispiel Checklisten) um diese Informationen zu notieren und später in der Kundendatenbank zu pflegen? Zeigen wir den Kunden schon heute, dass wir ein kompetenter Partner sind, einer, der ihre Probleme lösen und ihre Wünsche erfüllen kann?

Auf dieses Thema stoßen wir später noch einmal, wenn wir über die Auswirkungen eines systematischen Marketings auf die Mitarbeiter sprechen werden.

Ganz besonders wichtig ist natürlich, dass wir all diese Informationen, die uns täglich von unseren Kunden zufließen, später auch wieder finden und nach ihnen selektieren können. Es „nutzt gar nix", wenn diese Informationen in irgendeinem Bemerkungsfeld stehen, wo wir nicht nach ihnen selektieren können.

Kunden nach A, B oder C zu selektieren, ist in etwa so nutzvoll, wie ein Tretroller auf der Fahrt von Hamburg nach München. Man kommt wahrscheinlich auch hin - aber!?! Wenn wir alle Merkmale notiert haben, nach ihnen selektieren können, dann muss uns die Kundendatenbank erlauben, aus diesen Merkmalen Gruppen zu bilden.

Dabei kann selbstverständlich ein Kunde auch in mehreren Gruppen vertreten sein, so kann zum Beispiel ein Kunde ein Firmenkunde sein, gleichzeitig Verbandsmitglied und zusätzlich Interessent für bestimmt private Informationen (Whisky-liebhaber, Pfeifenraucher, Hundebesitzer, Rosenzüchter etc.).

Wenn wir heute noch nicht spontan wissen, wofür wir die eine oder andere Information benötigen, empfehle ich noch einmal, zurück zu denken: An die Zeiten, als die E-Mail-Adresse aufkam. Wer die nicht gleich von Anfang an in seiner Kundendatenbank notiert hat, weil er selbst noch keine eigene hatte und somit den Wert dieser Information unterschätzte, der hatte nachher jede Menge Arbeit zum Nachrüsten oder Probleme, mit den Kunden preiswert in ständigem Kontakt zu bleiben.

Wenn wir dann alle Informationen über unsere Kunden gesammelt haben, sie in Kundengruppen eingeteilt haben, dann kommt ein weiterer immens wichtiger Punkt: Wir müssen alles eintragen, was wir mit diesem Kunden schon erlebt haben. Jedes

Das Nachfrage-Sog-System
Die Marketing-Tools

aber am wichtigsten:

Die Kunden-Datenbank muss uns Arbeit abnehmen und Zeit sparen helfen !!!

© Copyright 2004*DIALOG-PARTNER-ANTON-DOSTAL*D-65817 Eppstein

Telefonat, jedes Schreiben, jede E-Mail, jede Besprechung, jedes Beratungsgespräch, alles wird fein säuberlichst protokolliert.

Nicht erschrecken! Gute Kundendatenbank-Software hilft uns dabei, indem sie zum Beispiel Anschreiben, Telefonate, Termine und E-Mails von ganz alleine protokolliert und uns somit die meiste Arbeit beim Erstellen einer möglichst lückenlosen Kundenhistorie abnimmt. Mit das Wichtigste ist also, dass die Kundendatenbank durch ständige Aktualisierung lebt und keine Ansammlung toter Daten ist.

Wer es versteht auf diesem Instrument zu spielen, der macht sich und seinen Kunden das Leben wirklich leichter und ist auf dem Markt stets mindestens einen Schritt vor den anderen Anbietern.

Ich selbst bin erst durch die Nutzung einer gut strukturierten Kundendatenbank zu ihrem Fan geworden. Es hat schon etwas Erhebendes, wenn man einem Beratungskunden ganz genau sagen kann, was er vor drei Jahren am Donnerstag, dem x-ten per E-Mail von uns bekommen hat und ihm das dann auch noch per Mausklick nochmals zusenden kann, inklusive Anhang. Oder wenn ich als Regionalleiter des StrategieForum e.V. meine Einladungen für das unter meiner Leitung stehende Strategie Centrum-Kronberg (www.strategiecentrum-kronberg.de) in weniger als 3 Minuten an alle Adressaten versenden kann, mal gerade so zwischendurch. Das ist Arbeitserleichterung und Büroorganisation pur!

Wer aber die Daten seiner Kunden nicht für wertvoll hält und pflegt, der hat – meist ohne es zu wissen – noch ein anderes riesiges Problem. Er/sie zeigt den Mitarbeitern jeden Tag, dass diese Kunden eigentlich nichts wert sind und braucht sich auch nicht zu wundern, wenn die Mitarbeiter sich dann auch so verhalten.

2. Die Marktanalyse als Vorbereitung zum Erstkontakt

Wie schon im ersten Kapitel beschrieben, machen wir hier keine „richtige" Marktanalyse, das überlassen wir denen, die das richtig gelernt haben. Selbstverständlich gibt es auch die Notwendigkeit im Zusammenhang mit der Markteinführung eines bestimmten Produktes, einer neuen Dienstleistung oder bei einer Unternehmensgründung, eine betriebswirtschaftliche Marktanalyse zu erstellen. Aber das ist hier nicht gemeint. Wir machen eine Analyse unserer bisherigen Kunden und versuchen daraus eine Ableitung herzustellen, welche Kundengruppen am besten zu unserer Leistung passen und welche Marktpotenziale uns zur Verfügung stehen.

Immer wieder tauchen im internationalen Marketing neue, selbsternannte Gurus auf, die einen schlauen Begriff erfinden, dann darüber ein Buch schreiben und uns wortgewaltig erzählen wollen, dass es heute nicht mehr angesagt wäre, zielgruppenbestimmt vorzugehen, weil sich der Kunde total verändert hätte, weil moderne Menschen ein modernes Kaufverhalten an den Tag legen, weil es heutzutage den „hybriden Kunden" gäbe oder den „bewussten und multioptionalen Konsumenten" usw.

Als Pseudobeweis bekommen wir dann immer die Jaguar fahrende Nerzträgerin, die bei ALDI kauft, untergejubelt. Das dies aber alles falsch ist, beweist uns Dr. Hans-Georg Häusel in seinem Buch „Limbic Success" (* 6).

Basierend auf der Gehirnforschung der letzten 30 Jahre müssen wir erkennen, dass es sehr wohl gleiche Bedürfnisse und gleiches Verhalten (Kaufverhalten) in bestimmten Gruppen unserer Gesellschaft gibt.

Doch selbst ohne wissenschaftlichen Beweis ist es, denke ich, jedem Menschen mit einigermaßen unverfälschter, naturbelassener Menschenkenntnis klar, dass ein 18-jähriger Mann ein anderes Kaufverhalten an den Tag legt als eine 81-jährige Frau.

Das bedeutet ja nicht, dass die 81-jährige Dame kein Handy und keinen MP3-Player kauft und nutzt. Es heißt einfach nur, dass sie aus anderen Motiven kauft, dass sie einen ganz anderen Nutzen damit verbindet und dass wir uns darauf einstellen müssen, wenn wir ihr so ein Gerät verkaufen wollen.

Während der junge Mann damit Freiheit und Abenteuer verbindet, hat die alte Dame wahrscheinlich eher Komfort und

Sicherheit im Sinn, und genau das müssen wir ihr dann auch bieten und anbieten.

Damit sind wir dann auch schon bei dem Kardinalfehler, der sehr oft bei der Zielgruppenselektion gemacht wird. Wir wollen einer Berufsgruppe, einer Altersklasse oder gar einer Zielgruppe aus Firmen, die das gleiche anbieten, etwas verkaufen.

Ich sage hier ganz deutlich: „Gewöhnen Sie sich das ab!!!" Wir können nur Menschen etwas verkaufen und das ist auch gut so.

Das Nachfrage-Sog-System
Die Marketing-Tools

Die Marktanalyse
Welche Kunden bevorzugen unseren Betrieb?

	Private	Gewerbliche	Öffentliche	
Umwelt-/ Gesundheits- Bewusste				
Qualitäts- Bewusste				
Sicherheits- Bewusste				

© Copyright 2004*DIALOG-PARTNER-ANTON-DOSTAL*D-65817 Eppstein

Also müssen wir Zielgruppen nach Menschen sortieren und nicht nur nach Geschäftsfeldern. Klar doch, Autohäuser, Ärzte, Maurer, Optiker, Krankenhäuser usw. sind in einer Adressdatei leichter zu finden als 40-jährige Unternehmer, verheiratet, mit zwei Kindern, im städtischen Wohngebiet wohnend. Nur dem Letzteren können wir halt leichter eine Alters- und Ausbildungsabsicherung anbieten und seinen persönlichen Nutzen ganz gezielt darstellen.

Wie schon oben beschrieben, geht es darum, Produkte und Leistungen zielgruppenorientiert und bedarfsgerecht anzubieten. Wenn Sie so wollen, dann geht es um die Individualität unseres Leistungsangebotes. Haben wir hier unsere „Hausaufgaben" gemacht, dann haben wir später geringere „Streuverluste" und können Kosten, Zeit und Energie sparen.

Nach diesen Kriterien werden die Interessenten und Kunden dann in unserer Kundendatenbank gepflegt und dementsprechend ganz gezielt, eben zielgruppenspezifisch, und nach dem am brennendsten empfundenen Engpass angesprochen.

Über diese Einteilung der Zielgruppen legen wir dann noch unsere Einteilung nach dem NFS in ZG-, WI-, KI-, EK-, StKd-Adressen und/oder die dazugehörigen Untergruppen. Untergruppen? Ja, es kann in bestimmten Geschäftsfeldern durchaus sinnvoll, sein die einzelnen Stufen unseres NFS noch einmal zu unterteilen. Wir müssen dabei aber auch darauf achten, dass wir uns nicht verzetteln und zu genau untergliedern. Das bringt dann mehr Verwirrung als Nutzen.

Ein Beispiel soll dies verdeutlichen: Die von mir betreuten Holzhausbauer unterteilen die KIs in KI1 und KI2. KI1 sind dann Kunden, die ein Haus bauen „möchten". Solche Kunden haben in der Regeln noch kein Grundstück, wissen noch nicht genau, wann sie bauen wollen und /oder haben auch noch keine genauen Vor-stellungen davon, was sie monatlich für ihr neues Haus ausgeben können.

KI2 sind dann demzufolge Kunden die Bauen „wollen". Die haben schon ein Grundstück, wissen, was sie monatlich fürs Haus ausgeben können, haben von der Oma oder Tante eventuell etwas dazubekommen und die Frau ist im dritten Monat schwanger. Bei denen fährt der Berater sogar am Sonntagabend um 22:23 Uhr zum Beratungstermin, wenn es gewünscht wird.

Das bedeutet nicht im Umkehrschluss, dass die KI1 nicht ernst genommen werden. Nur, diese Interessenten bekommen halt ein bisschen weniger Priorität, dafür haben sie einen höheren Beratungsbedarf im Vorfeld der eigentlichen Hausplanung, weil wir denen dann helfen ein Grundstück zu finden oder eine ganz individuelle, für ihre persönlichen Lebensumstände passende Finanzierung. (Nein, nein, bei der Schwangerschaft der Frau helfen wir in der Regel aller Fälle nicht!)

3. Erstkontakte schaffen

Nachdem wir nun die Einteilung unserer Interessenten und Kunden vorgenommen haben, so zu sagen unsere Hausaufgaben gemacht haben, wagen wir uns zum ersten Mal hinaus auf den Markt. Wir wollen unseren künftigen Kunden zeigen: „Hallo, da bin ich und ich habe euch etwas anzubieten!" Und natürlich wollen wir uns auch von unserer besten Seite zeigen, denn wir wissen ja: „Der erste Eindruck zählt!"

Unsere Ziele sind auf dieser Ebene:

- **Nutzen aufzeigen**
- **Leistungen anbieten**
- **Bedarf erkennen**

Wenn ich dieses Thema in meinen Seminaren anschneide, dann wissen vor allem die Teilnehmerinnen immer sofort, was ich meine, wenn ich frage, wie das denn auf dem Wochenmarkt ist: „Ich achte auf saubere Fingernägel!" „Ich möchte, dass die Handschuhe anhaben, weil sie ja auch das Geld angreifen!" „Ich möchte nicht bedrängt werden, nichts aufgebabbelt bekommen!" usw. Da bekommen wir im Brainstorming schnell mal 12 bis 15 Kriterien zusammen, die wir dann auf unser eigenes Verhalten anwenden können.

Die Schwierigkeit dabei ist aber meistens, dass wir ja in unseren Geschäftsfeldern nicht wirklich auf einem Markt stehen, sondern auf ein eventuell schriftliches erstes Verkaufsgespräch angewiesen sind, wenn wir das erste Mal mit den Interessenten Kontakt aufnehmen.

a) Der schriftliche Erstkontakt

Aber trotzdem müssen wir uns so verhalten, als ständen wir dem Kunden gegenüber, das heißt wir müssen auch im schriftlichen Verkaufsgespräch „sauber und ordentlich auftreten" und zwar aus Kundensicht. Das kann unter Umständen durchaus bedeuten, dass wir im B to B-Geschäft ein anderes Auftreten an den Tag legen als im Endkundengeschäft.

Wir müssen auf jeden Fall die gleichen Stufen des persönlichen und kundenorientierten Verhaltens einhalten wie im persönlichen Verkaufsgespräch. Schon um 1980 hat Prof. Siegfried Vögele aus dieser Erkenntnis seine „Dialog-Methode" entwickelt (* 8).

In der Zwischenzeit wurde die hohe Wirksamkeit dieser Methode durch Tests mit tausenden und abertausenden von schriftlichen Mailings immer wieder bewiesen und vom SVI-Königstein (Siegfried-Vögele-Institut der Deutschen Post World Net, www.sv-institut.de) mit wissenschaftlichen Methoden erforscht und bestätigt. Nach dieser international anerkannten Methode gehen auch wir vor.

Wir stellen uns einfach vor, wie es wäre, wenn wir unsere Leistungen persönlich präsentieren müssten. Welche Schritte müssen wir dabei beachten, welche Regeln befolgen?

Damit wir das Problem besser erkennen, stellen wir uns zuerst einmal vor wie das wirkt, wenn einer die Regeln nicht beachtet. Da kommt ein Vertreter zu uns, der sagt nicht einmal „Guten Tag", sagt uns nicht, wie er heißt und was er will, breitet seine

Waren vor uns aus, erklärt uns, was das ist, fragt nicht, ob wir so etwas gebrauchen können, nicht, ob wir Interesse haben, ob wir kaufen wollen, räumt seinen Kram wieder zusammen und gibt uns erst eine Visitenkarte von sich als wir ausdrücklich danach fragen!?!

Wie sie glauben so etwas gibt es nicht. Jeden Tag tausendfach in der Bundesrepublik, millionenfach in Europa und dem Rest der Welt. Oder haben sie noch nie einen Prospekt ohne Anschreiben und/oder ohne Responsemittel (Antwortkarte, Antwortfax etc.) bekommen? Das ist nämlich genau der gleiche Unsinn!

Wenn wir Aldi oder Lidl oder Karstadt heißen, dann können wir uns so etwas natürlich erlauben, denn die haben schon Millionen in Werbung investiert und deshalb weiß auch schon fast jeder Mensch in unserem Lande, von wem diese Werbung kommt und welchen Vertrauensstatus diese Marke in seinem Gehirn hat.

Es funktioniert auch, wenn wir anstatt Waren Rabatte verkaufen, so wie dies manche Möbelriesen tun, oder ein unschlagbar preisgünstiges Angebot unter die Menschheit bringen wollen.

Ob ich als kleiner Gewerbetreibender oder Dienstleister auch schon so bekannt bin und nur noch mit meinen günstigen Preisen werben will, muss ich natürlich selbst entscheiden.

Leider gibt es immer noch unzählige Werbeagenturen – die heißen dann auch gerne Marketingberatung –, die ihren Kunden so etwas empfehlen. Der Grund ist leicht durchschaubar: wer Responsemittel einsetzt, dessen Erfolg kann gemessen werden, und das will eben nicht jeder so gerne.

Wir aber *wollen* ja messen, wir wollen testen, Erfolge messen und dann immer wieder verbessern. Denn Fehler kann man machen, wir wollen aber daraus lernen, damit wir nicht dieselben Fehler immer wieder machen.

Das schriftliche Verkaufsgespräch

Wie also stellen wir uns das oben beschriebene Verkaufsgespräch wirklich vor? Unser Vertreter begrüßt uns freundlich, stellt sich so vor, dass wir auch verstehen, was er von uns will, dann zeigt er uns seine Waren, motiviert uns sein Angebot zu betrachten und erklärt uns welchen Nutzen wir davon haben. Danach fragt er uns ob wir noch Fragen haben und welches unser derzeitiger Bedarf ist (mehr Informationen, eine Probefahrt o.ä.). So und genau so machen wir das im schriftlichen Verkaufsgespräch.

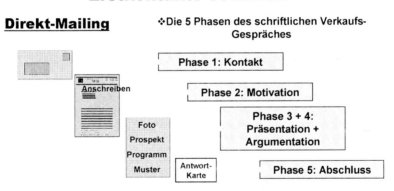

Dabei müssen wir peinlichst darauf achten, auf welcher Stufe dieser Interessent jetzt noch steht. Welchen Wissensstand er/ sie hat. Schon mal gehört: „Man soll den Kunden da abholen, wo er steht"? Klar, steht mehrmals in diesem Buch.

Nirgendwo ist das so wichtig wie beim Erstkontakt. Wenn wir hier schon mit der ganzen Wucht unserer fachlichen Kompetenz auf den Interessenten losgehen, haben wir die größte Chance, ihn für immer verprellt zu haben. „Fachidiot schlägt Kunden tot!"

So ein völlig neuer Interessent ist – ich wiederhole - wie ein kleines zartes Pflänzchen, der will gepflegt werden. Behutsam, schrittweise, mit Geduld und viel Zuwendung aufgebaut werden und nicht mit der großen 12-Liter-Gießkanne und 4 Pfund Düngemittel zugeschüttet.

Erstkontakte schaffen

© Copyright 2004*DIALOG-PARTNER-ANTON-DOSTAL*D-65817 Eppstein

Das Erstkontakt-Mailing

So ein Erstkontakt-Mailing besteht immer aus mindestens drei Teilen: Möglichst persönliches Anschreiben, einem Eye-Catcher (Blickfang) und einem Responsemittel. Im B to B-Geschäft hat sich das Antwortfax dafür als günstigste Form herausgestellt. Optimiert durch die eingedruckte Adresse des Interessenten, damit er/sie möglichst wenig Arbeit damit hat. Im B to C-Geschäft (Endkunden- oder Privatkundengeschäft) ist nach wie vor die Antwortkarte ungeschlagen. Obwohl wir wissen, dass die meisten Kunden die Karte überhaupt nicht zurücksenden, sondern in unserer schnelllebigen Zeit lieber anrufen oder faxen und die versprochenen Informationen per Telefon oder Faxanforderung bestellen.

Die Antwortkarte

© Copyright 2004*DIALOG-PARTNER-ANTON-DOSTAL*D-65817 Eppstein

Aus diesem Grund machen wir die Antwortkarte faxfähig, das heißt, alle Informationen, die zurückkommen sollen, müssen auf einer Seite sein und wir schreiben groß die Fax- und die Telefonnummer darauf.

Wir achten auch darauf, dass sich auf dieser Seite keine großflächigen Bilder mit dunklen Farben befinden, die machen sonst anschließend unsere Tonerpatronen leer, wenn sie zurück kommen. Und wir drucken auch hier, wenn möglich, den Namen des Interessenten und ein Codewort (Nummer) mit ein. Das erste, damit wir wissen, woher das Fax kommt und um es dem Interessenten zu erleichtern, dieses sofort abzusenden, und das zweite, damit wir die Aktion auch bei verspätetem Rücklauf (wir kennen Karten, die nach mehr als zwei Jahren zurückgesendet wurden!) wieder erkennen können.

Aber warum sollen wir denn dann überhaupt eine Antwortkarte beilegen, wenn die doch kaum einer zurückschickt? Die Antwortkarte sagt dem Empfänger: „Tu etwas!". Sie ist eine Aufforderung aktiv zu werden. So wie unser Vertreter gefragt hat, welchen weiteren Informationsbedarf wir haben. Ohne die Antwortkarte erhalten wir kaum Rücklauf und das ist in Tausenden von Versuchen vom SVI belegt worden.

Noch etwas zur Antwortkarte: Auf der Stufe Erstkontakt ist nach unseren Erfahrungen die Möglichkeit, einen persönlichen Beratungstermin anfordern zu können, *der* Rücklaufverhinderer schlechthin. Wenn man dazu aufgefordert wird, hier ein Kreuzchen zu machen, bedeutet dies – ganz unbewusst - für Interessenten: „Achtung, Vertreterbesuch!" So etwas macht man frühestens auf der Stufe WI, besser noch bei KIs.

Vom Wert eines Fotos

Ach ja, der berühmte Eye-Catcher, der Blickfang. Auf der Stufe ZG hat sich nach wie vor das Foto am besten bewährt. Ja, sie haben richtig gelesen, ein ganz normales, aber stimmungsvolles Foto in Postkartenformat. Kein Ausdruck aus dem Farbdrucker, kein Eindruck im Anschreiben, nein, ein stimmungsvolles Hochglanzfoto aus dem Fotoshop. Hinten mit einem Aufkleber versehen, der eine kleine Erklärung zum Foto und unsere Adresse enthält.

Warum denn nun ein Foto, wir haben doch einen schönen farbigen Firmenprospekt? Was haben wir schon als kleine Kinder gelernt, was macht man mit einem schönen Foto? Richtig, ins Album kleben, in einer Schachtel aufbewahren, in einen Rahmen stecken oder an die Wand hängen. Also ist in unserer aller Gehirne gespeichert: „Ein Foto ist etwas wertvolles!"

Und was ist in unseren Gehirnen zu dem Thema Prospekt gespeichert? Was macht man mit dem, wenn man ihn gesehen hat? Aber vielleicht kennen Sie ja viele Prospektsammler!?

Bei einem Erstkontakt-Mailing an 1018 Grundschulen in Hessen und Rheinland-Pfalz für einen dänischen Schulmöbelhersteller zum Thema „Ergonomische Schulmöbel", haben wir – gegen den erklärten Widerstand der Marketingabteilung des Herstellerkonzerns („Wir haben doch eine 24-seitige Farbbroschüre, die alle unsere Möbel zeigt und extra in deutscher Sprache gedruckt wurde!") – mit Hilfe eines verschickten Fragebogens zum Thema „Ergonomie in der Schule" plus eines Fotos von einer Schülerin, die an einem Schülerarbeitsplatz mit neigungsverstellbarem Tisch sitzt 275 Rückantworten bekommen. Das sind immerhin 27% Response!

Da war die Marketingabteilung zuerst einmal platt, hatte dann aber schnell eine gute Erklärung parat: „Deutsche Schulleiter/innen sind eben anders als dänische!"

Das Unglaubliche war aber, dass mehr als die Hälfte der danach besuchten Schulleiter/innen uns die Postkarten mit dem Bild von dem Kind auf den schönen, neuen, roten Schulmöbeln wieder zurückgeben wollte.

Also mir hat bis heute noch nie jemand einen Prospekt zurück geben wollen – Ihnen? Wie gesagt, wir befinden uns immer noch auf der Stufe Erstkontakt. Ganz tolle Ergebnisse in punkto Rücklauf hat auch Günther Schüly (www.schuely.de), der Erfinder des berühmt gewordenen Bananenmails, mit seinem Erlebnismarketing.

Gerade beim Erstkontakt kommt es eben darauf an, in der Flutwelle der Informationen nicht unterzugehen. Da ist schon etwas mehr Kreativität gefragt als nur billige Massenmails an gekaufte Adressen zu versenden. Das geht zwar auch, bringt aber immer weniger Erfolg, weil eigentlich keiner von uns so richtig Lust hat das Zeug zu lesen. Es gibt einfach zu viel davon.

Telefonmarketing

Eine weitere Möglichkeit des Erstkontaktes ist das Telefonmarketing. Mal ganz abgesehen von der rechtlichen Situation, spätestens nach dem dritten unerbetenen Telefonat an einem Arbeitstag habe selbst ich schlechte Laune und möchte dann wirklich nicht am anderen Ende der Leitung sitzen. „Nein, ich möchte nicht an der internationalen Umfrage zum Thema Wein teilnehmen!", „Nein, ich möchte auch nicht wissen, was ich bei einer Kundenbefragung gewonnen habe, an der ich nie teilgenommen habe!" „Neiiiiiiiiiiiiin, ich haben kein Interesse daran ein kostenloses Abonnement der tollen Wirtschaftszeitschrift zu beziehen!"

Die Damen und Herren am Telefon tun mir meistens ja leid, das muss doch der traurigste Job der Welt sein? Wie lange hält ein normaler Mensch so etwas aus? Tests aus Amerika haben ergeben, dass die Erfolgsquote beim Telefonmarketing drastisch erhöht werden kann, wenn man mehrstufig vorgeht – so wie wir im NFS. Und daraus ist dann „MAP" entstanden (Mail And Phone). Damit ich hier nicht falsch verstanden werde, auch wir müssen telefonieren! Aber wir ziehen eine mehrstufige Vorgehensweise vor, bei der wir die Chance haben langsam Vertrauen aufzubauen um uns dann beim Nachtelefonieren nicht an so genannte Kaltadressen zu wenden und uns auf vorangegangene Aktionen des Kunden berufen können. Und zwar ehrlich und für den Kunden nachvollziehbar.

Nicht gleich alles hergeben

Da wir die Interessenten so lange auf der Stufe Erstkontakt lassen, bis sie sich bei uns melden und nach mehr Information fragen, müssen wir natürlich auch mehrstufig vorgehen können. Wenn wir also schon beim ersten Anlauf unser ganzes Pulver verschießen, dann haben wir nachher nichts mehr zum „Nachschieben".

Schon alleine aus diesem Grund ist es ratsam nicht gleich alle Informationen auf einmal aus der Hand zu geben. Oft werde ich gefragt, wann wir denn aufhören an eine Adresse Informationen zu versenden, wann wir die Adresse aus unserem Erstkontaktverteiler löschen.

Das kommt darauf an, was für eine Adresse das ist. Wenn es zum Beispiel eine Adresse ist, die wir durch persönliche Empfehlung bekommen haben, dann wissen wir auch meistens, ob hinter dieser Adresse ein tatsächlicher Bedarf steht. Dann werden wir so lange dranbleiben, bis der Interessent sich meldet oder uns mitteilt, dass er keine Informationen mehr haben möchte.

In meinen Seminaren sitzen manchmal Teilnehmer/innen, die ich schon seit vielen Jahren jährlich zweimal anschreibe oder die schon seit Jahren meinen Newsletter bekommen. Dann plötzlich entsteht Bedarf und sie wenden sich an den, den sie kennen, weil er ihnen mittlerweile schon vertraut vorkommt, und das bin dann optimalerweise ich. Und da ich auch in den nächsten Jahren noch Seminare machen werde, werde ich weiterhin keine Adresse löschen.

Als ich noch mit Herrn Horst-Sven Berger zusammen arbeitete, war es auch meine Aufgabe Interessenten nachzutelefonieren. Eines Tages hat mir ein Ingenieur aus Darmstadt am Telefon klipp und klar erzählt, warum er keinerlei Interesse mehr an unseren Seminaren und den damit verbundenen Informationen hat. Folgerichtig haben wir seine Adresse auf „inaktiv" gestellt und ihn aus dem Verteiler herausgenommen.

Ich denke, jeder kann sich mein Erstaunen vorstellen, als genau dieser Herr drei Wochen später im Seminar sitzt und höchst interessiert daran teilnimmt. Was war passiert? Er hatte nach unserem Telefonat auf einer EKS-Tagung einen Kollegen getroffen und durch meinen Anruf sensibilisiert mit diesem über das Thema Marketing geredet. Dieser hat ihm in den höchsten Tönen vom NFS vorgeschwärmt und von seinen eigenen schnellen und außergewöhnlichen Erfolgen berichtet. Jetzt hat er durch diese Empfehlung einen Nutzen für sich erkannt, den ich ihm offensichtlich am Telefon nicht vermitteln konnte und außerdem hat natürlich ein Empfehler viel mehr Glaubwürdigkeit als ein Werbender. Und so hat er sich doch entschlossen, endlich selbst etwas zu tun und nicht mehr untätig auf Kunden zu warten.

Sicher, dies ist schon ein etwas außergewöhnliches Beispiel, aber geben wir nicht alle viel zu oft, viel zu schnell auf, weil wir ja alle keine Zeit zu haben glauben? Und dann sind da auch noch die Kosten. Na klar, wenn ich ein Produkt verkaufen möchte, welches nur 9,99 € kostet, dann überlege ich mir schon, was so ein Mailing kosten darf. Wenn ich aber eine hochwertige Leistung erbringe und nachher von dem Kunden ein paar tausend Euro haben möchte, dann sollte ich das Geld für zwei Briefe pro Jahr und Interessent schon mal in Betracht ziehen.

b) Das Internetmarketing

Eine weitere fantastische Möglichkeit Adressen von Erstkontakt-Interessenten zu bekommen, bietet heute das Internet. Über eine interessant gestaltete Homepage im Zusammenwirken mit dem richtigen Onlinemarketing können wir mittels dort angebotenen Informationen auf „Adressenfang" gehen. Und genau hierzu soll in unserem Sinne eine Homepage auch da sein.

Genauso wie ein Messestand auf einer großen Publikumsmesse, dient unser Internetauftritt in erster Linie dazu, Interessenten anzulocken und dazu zu bringen, sich bei uns für mehr Informationen über unsere Leistungen zu interessieren. Damit wir ihnen diese Informationen zukommen lassen können, sollen sie bitteschön ihre Adresse hinterlassen. Mit zunehmender Informationsflut (auch im Internet) wird das aber immer schwieriger, die Interessenten genau dazu zu bewegen.

Hier gilt das gleiche wie beim Erstkontakt-Mailing: Wir müssen uns eben ein bisschen mehr einfallen lassen als „alle". Einen sehr interessanten Ansatz liefert da das „Profitable Internetmarketing" von Marcus Amann (www.amann.de). Auch hier gilt es zuerst einmal die Zielgruppe (Teilzielgruppe) möglichst genau zu definieren, damit wir mit unseren Suchbegriffen so genau wie nur irgend möglich die „Zielgruppengenaue Kundenansprache" treffen. Je präziser wir den Nerv unserer Zielgruppe treffen, desto höher ist dann naturgemäß auch die Trefferquote.

Herr Amann betont in seinen Workshops immer wieder, dass wir nur 8 Sekunden Zeit haben, dass Interesse des Besuchers unserer Homepage zu wecken. Nun, das ist immerhin eine ganze Sekunde mehr als beim Erstkontakt-Mailing, aber nicht unbedingt sehr viel. Da müssen die gewählten Begriffe und die optische Aufmachung schon sehr genau die Wünsche, Erwartungen und Vorstellungen der zukünftigen Kunden treffen.

Um diese dann näher für unsere Leistungen zu interessieren, setzt er den „Kostenloshebel" an, wie er das nennt. „Wo kann ich auf dieser Internetpräsenz etwas Interessantes zu dem hier vorgestellten Thema finden und wie kann ich das – kostenlos – für mich nutzen?" Wer da mit Informationen geizt und erst mit umständlichen Anmeldeprozessen aufwartet, der hat eigentlich schon verloren.

So mancher hat eine optisch und informell super gestaltete Internetpräsenz und wundert sich, dass trotzdem nicht viel „rüberkommt". Eigentlich ist es ja nicht schwer einzusehen, wird aber trotzdem immer wieder vergessen und/oder falsch gemacht: Eine Homepage muss man natürlich auch bekannt machen, wir können auch sagen „bewerben"! Suchmaschinen-Optimierung, Keyword-Advertising, Web-Banner, Branchen-Verzeichnisse oder als regionale Werbung Stadtportale, die Liste der Möglichkeiten im WorldWideWeb zu werben ist lang und es lohnt sich wirklich, sich hier einem Spezialisten wie Herrn Amann anzuvertrauen.

Aber auch die ganz konventionellen Möglichkeiten für seine Website zu werben, bringen oft erstaunliche Erfolge. Wir haben in letzter Zeit gute Erfahrungen mit einer Kleinanzeige in Tageszeitungen (einspaltig, ca. 20 mm hoch) gemacht, welche nichts anderes beinhalteten als ein Nutzensignal, wie zum Beispiel HEIZKOSTENSPAREN und darunter die Internetadresse www.XY-Heizung.de. Der Nutzenbegriff wird dann wöchentlich geändert und wir messen, auf welchen Begriff die meisten Zugriffe kommen.

Sehr wichtig ist es zu beachten, dass Interessenten, die sich über unsere Internetpräsenz bei uns melden = Stufe „Erstkontakt", die nächste Stufe (WI = Wissens-Interessent) oft direkt überspringen. Diese Menschen haben sich meistens auf unserer Homepage schon ein sehr umfassendes Bild von unseren Leistungen machen können und wollen deshalb oft nicht unbedingt noch einmal mit schriftlichen Informationen bedacht werden.

Aus diesem Grund hat es sich bewährt, so schnell wie irgend möglich nach dem Eintreffen der Adresse über das Kontaktformular bei den Interessenten anzurufen. Wenn ich im Büro an meinem PC sitze und es erreicht mich eine Anfrage von unserer Homepage, dann greife ich möglichst sofort zu Telefon und rufe an. Das verblüfft die Interessenten auf angenehme Art und Weise. „Wie, ich habe meine Anfrage doch eben erst weggeschickt? Na, sie sind aber schnell!" Und dann hat man den zukünftigen Kunden schon am Apparat und kann ganz gezielt seine speziellen Wünsche und Erwartungen erfragen und sofort schriftlich in der Kundendatenbank festhalten.

Wirklich gute Onlineshops nutzen diese Möglichkeit heute schon und erzielen damit schon vor oder beim ersten Auftrag eine Vertrauensbasis, die sich später – erwiesenermaßen - vielfach bezahlt macht (weniger Reklamationen, weniger Rücksendungen etc.).

Genauso wie beim schriftlichen Werben ist das Wichtigste für uns, natürlich wieder das Responsemittel. Wir müssen peinlichst darauf bedacht sein, dass das Ausfüllen des Anmeldeformulars nicht zum „Kunstakt" missrät! Wenn ich auf Grund irgendwelcher unglücklichen Formatierungen zum dritten Mal aus der Maske heraus geworfen worden bin, dann gebe ich entnervt auf und ziehe weiter. Andere Anbieter haben vielleicht auch noch gute Informationen für mich.

Und nun noch ein Wort zum Thema „Newsletter". Der Newsletter ist auch so eine hervorragende Möglichkeit regelmäßig mit den Kunden und Interessenten in Kontakt zu bleiben. Die Frage ist nur, wie lange bleiben die Menschen in unserem Verteiler, wie lange wollen sie darin bleiben? Ein Newsletter, der mir keinen Nutzen bringt, der nur mehr oder weniger versteckte Eigenwerbung bringt, den bestelle ich natürlich so schnell wie möglich wieder ab. Da müssen schon verwertbare Tipps oder andere Nutzenangebote drin sein, sonst nervt das nur.

Ich kennen Newsletter die wöchentlich erscheinen und eine treue Fangemeinde haben, wie zum Beispiel der von www.franchiseportal.de . Andere erscheinen monatlich und sind gespickt mit Ideen und Ratschlägen, wie der von www.geffroy.de. Unserer erscheint alle zwei Monate und hat jedes Mal im Anhang einen Artikel zu Umsetzungsthemen und/oder neuen praktischen Beispielen des NFS. Wenn wir den mal etwas zu spät versenden, dann bekommen wir schon Anfragen von unseren Kunden, wo er denn bleibt.

So viel an dieser Stelle zu dem Thema Onlinemarketing. Wie oben gesagt, dafür gibt es Spezialisten und wer mehr wissen möchte, der besorgt sich einfach das neue Buch von Marcus Amann (* 9).

c) Messeauftritt / Informations-Veranstaltung

Eine weitere hervorragende Möglichkeit, an Adressen von Wissensinteressenten heranzukommen, ist der Messestand. Egal, ob auf einer Verbrauchermesse, einer Fachmesse, der Teilnahme an regionalen Gewerbeshows oder beim Tag der offenen Tür im eigenen Unternehmen.

Seit 1989 beschäftige ich mich sehr ausgiebig mit diesem Thema und mache auch seither Messe-Trainings für große und kleine Unternehmen. Und ich muss aus meiner Erfahrung heraus sagen, die kleinen haben den großen meistens etwas Entscheidendes voraus. Die fragen nämlich oft schon *vor* der Entscheidung zur Teilnahme, was denn dabei herauskommen soll.

Allzu oft höre ich, zumindest bei größeren Unternehmen, das allseits beliebte und viel strapazierte Schlagwort vom „Image-Gewinn". Sicher, Image ist wichtig und eine Messeteilnahme dafür auch nicht nutzlos, aber ich habe bei meiner langjährigen Beratungstätigkeit für die Büromöbelindustrie Firmen kennen gelernt, die haben nur noch an der Messe teilgenommen, damit die Konkurrenz sieht, dass sie sich das immer noch leisten können. Die meisten davon nehmen heute nicht mehr an Messen teil, auch weil es einige davon gar nicht mehr gibt.

Ich halte es da nach dem alten Wahlspruch: „Messen müssen Geld bringen, sie dürfen kein Geld kosten!" Und was entscheidet darüber, ob der Messeauftritt Geld kostet oder bringt? Die Ziele! Es ist tatsächlich so, wer viel Geld für den Messestand, die Präsentation und/oder neue Produkte ausgibt und dann nachher keines mehr für die Ausbildung der Messemannschaft hat, der kann eigentlich schon daheim bleiben. In meinen Messetrainings frage ich immer am Anfang die ganze Mannschaft, was sie denn auf der Messe machen sollen. In den allermeisten Fällen bekomme ich Antworten wie Verkaufen, Repräsentieren usw.

Sicher es gibt auch Verkaufsmessen, aber an solchen nehmen die meisten meiner Beratungskunden gar nicht teil. Ein Handwerker zum Beispiel wird auf einer Gewerbeausstellung in den wenigsten Fällen etwas verkaufen wollen. Dazu gehört doch eine eingehende Beratung der Kunden, eine vorausgehende Planung etc. So etwas kann man auf der Messe meistens gar nicht leisten und dazu sind die Kunden auch in den allermeisten Fällen gar nicht bereit.

Was also ist das Ziel der allermeisten Messebeteiligungen? Ganz einfach: Das Ziel ist, qualifizierte Adressen zur Weiterbearbeitung zu erhalten. Wenn man sich dessen wirklich bewusst ist, wird von Anfang an klar, dass wir mit ganz anderen Voraussetzungen an die Messeplanung herangehen. Die Art der Präsentation wird eine ganz andere, eine mehr kundeorientierte sein. Das Informations-material wird nach ganz anderen Gesichtspunkten sortiert und vor allen anderen Dingen wird die Kundenansprache unter ganz anderen Gesichtspunkten verlaufen.

Da kann man plötzlich viel lockerer an die Kunden herantreten (man muss ja nichts verkaufen), da werden von vorne herein die richtigen Fragen gestellt und es entsteht eine gelöste, an den wirklichen Fragen und Wünschen der Kunden (Standbesucher) orientierte Atmosphäre.

Wir haben einmal auf der DIDACTA (Weiterbildungsmesse) am Stand des, schon weiter oben genannten dänischen Schulmöbelherstellers alle Prospekte versteckt und erzählt, die Druckerei hätte uns im Stich gelassen. Dafür konnten die interessierten Schulleiter/innen auf einem vorbereiteten Adresszettel ihre Anschrift abgeben und bekamen die Prospekte und Kataloge zugesendet.

Immer, wenn wir eine Adresse bekamen, wurde diese sofort per Fax an das Büro weitergeleitet (damals gab es noch kein E-Mail) und von dort wurde sofort das Paket mit den Katalogen versendet. Bei vielen Besuchern führte das dazu, dass sie ihre Informationen schon am Montag nach der Messe auf dem Schreibtisch hatten. Von den 192 Adressen die wir bekamen, haben über 20 beim Herstellerrepräsentanten angerufen und gefragt, ob wir immer so schnell wären.

In einem anderen Fall haben wir die Fachinformationen laminiert und mit Ketten an Stehpulten befestigt. Wer sie haben wollte, durfte seine Adresse (Visitenkarte) da lassen und hatte ebenfalls innerhalb von spätestens zwei Tagen alle gewünschten Informationen auf seinem Schreibtisch.

Wir sehen also, worauf es ankommt: Adressen sammeln, diese nach Möglichkeit auf der Messe schon qualifizieren (durch gezieltes Fragen) und danach gezielt, konsequent und schnell weiterbearbeiten. Wenn dann aber schon bei der Messe die Grundlagen dafür fehlen (ausgebildetes Standpersonal, Adresskarten, Fragebögen, Messegesprächsberichte etc.) dann wird das Geld für die Messebeteiligung zum Fenster hinausgeworfen.

All dies gilt genauso wie für große Messen auch für den Tag der offenen Tür oder die Kundeninformationsveranstaltung (z. B.: Bauherrenabend, Energiespar-Informationsabend, Steuerspar-

Informationsveranstaltung, Informationsabend zum neuen Erbrecht usw.).

Da schwärmte mir ein Dachdecker vor, dass auf seinem Tag der offenen Tür am Wochenende bei schönstem Sommerwetter mindestens 1.000 Leute da waren. Auf meine Frage, wie wir denn jetzt mit all den vielen Adressen umgehen wollen, kommt prompt die Gegenfrage: „Mit welchen Adressen denn?" Na ja, wahrscheinlich war der Imagegewinn enorm!?!

Aber im nächsten Jahr haben wir bei der gleichen Veranstaltung ein Gewinnspiel gemacht und seine beiden Kinder hatten in ihren schicken schwarz-weißen Uniformen mit den großen schwarzen Hüten einen riesigen Spaß daran, sich von allen Teilnehmern die Adressen geben zu lassen. Das Ergebnis, glaube ich, kann sich da schon eher sehen lassen: Im Laufe des darauf folgenden Jahres durch konsequente Nachverfolgung von Auftragssignalen vier Aufträge mit einer Gesamtsummen von über 67.000 €.

Auch das ist eine besondere Art des Erlebnismarketings. Auf Informationsveranstaltungen und Messen können und wollen unsere Interessenten etwas erleben. Dann sollten wir ihnen das auch bieten. Messestände oder andere Kundeninformationsveranstaltungen, auf denen „nix los" ist, wo man als Besucher nicht selbst „etwas machen" kann, sind problematisch und meistens hinausgeworfenes Geld. Das ist für die Interessenten und Kunden sehr wichtig. Für *uns* ist aber immer das Responsemittel das wichtigste, denn sonst haben wir keinen oder doch zumindest nur einen sehr eingeschränkten Nutzen davon.

Fassen wir zusammen: auf der Ebene Erstkontakt geben wir nur wenige, gezielte Nutzenargumente an die Interessenten heraus, verwenden Eye-Catcher und/oder Erlebnismarketing um ein wenig aus der Flut der täglichen Informationen herauszuschauen und geben den Interessenten die Chance sich bei uns zu melden, in dem wir ihnen – möglichst personalisierte – Antwortmöglichkeiten (Responsemittel) zur Verfügung stellen und nach Möglichkeit auf deren Verwendung hinwirken (dabei behilflich sein, drauf hinweisen etc.).

Auf dieser Stufe bleiben die Adressen so lange, bis wir eine Anforderung für mehr Informationen von ihnen bekommen. Das bedeutet, sie werden in regelmäßigen Abständen von uns informiert, eingeladen usw. Wie oft, in welchen Abständen? Das ist zum einen abhängig von unserer Leistung und zum anderen von der Zielgruppe. Im Durchschnitt zwei bis vier mal im Jahr. Aber das kann auch ein monatlich erscheinender Newsletter sein, wenn dieser der Zielgruppe einen nachvollziehbaren Nutzen bietet.

Interessenten, die sich über unsere Internetpräsenz bei uns gemeldet haben, überspringen meistens die Stufe Wissens-Interessenten (WI), weil sie sich schon auf unserer Homepage ein genaueres Bild von unserem Leistungsprogramm gemacht haben.

4. Ausführlich informieren

Nachdem wir eine Rückmeldung bekommen haben, das kann zum Beispiel eine Anforderung für mehr und genauere Informationen sein, die wir im Erstkontakt angeboten haben, dürfen wir schon etwas mehr Leistungskompetenz zeigen als beim Erstkontakt. Jetzt kann es sinnvoll sein, ein Leistungsverzeichnis zu versenden, eine Leistungsbroschüre oder ein Leistungsprogramm.

Unsere Ziele sind auf dieser Ebene:

- **Vorinformationen geben**
- **Leistungsprogramm zeigen**
- **Referenzen präsentieren**
- **Bedarf und Wünsche erkennen**

Jetzt kommt es darauf an, im Kopf des künftigen Kunden ein Bild von unserer Leistung entstehen zu lassen. Aus der Werbung kennen wir den Begriff des „Blackbox-Effektes". Auf der einen Seite steht der Kundenwunsch, auf der anderen Seite unsere Leistungserbringung und dazwischen ist eine große schwarze Box mit unbekanntem Inhalt.

Was passiert denn, wenn ich mich vertrauensvoll an diesen Anbieter wende? Wie kommt die Leistung denn zu Stande? Was muss ich als Kunde dazu beisteuern? Wie werde ich behandelt? Muss ich Vorleistungen erbringen? Werde ich danach alleine gelassen oder hilft mir auch dann noch jemand, wenn ich die Rechnung längst bezahlt habe? Was passiert im Garantiefall?

Tausend Fragen, keine Antwort! Warum machen wir es unseren Kunden nur so schwer? Oft sind diese Fragen für die Kunden viel wichtiger als ein paar Prozent Preisnachlass. Weil sie sich aber nicht getrauen zu fragen, weil sie oft gar nicht in der Lage sind, die richtigen, für sie wirklich wichtigen Fragen zu stellen, aber das dringende Bedürfnis haben, für sich etwas herausholen zu müssen, konzentrieren sie sich wieder auf das, was sie schon kennen und das ist .... Na klar, der Preis, das kennen wir ja schon!

Marktuntersuchungen kommen immer wieder zu der Erkenntnis, dass der Kunde/die Kundin schon im Vorfeld der Auftragsvergabe Sicherheit haben wollen. Ja, welche denn? Ganz einfach, die, dass nachher auch das dabei heraus kommt, was *sie* sich gewünscht haben. Wir haben als Kunden immer ein Bild von dem im Kopf, was wir uns wünschen. Ob aber dieses Bild auch mit dem übereinstimmt, welches der Leistungserbringer im Kopf hat, wissen wir nicht. Wir wollen es aber gerne wissen und deshalb entwickeln wir Strategien, um an diese Informationen heranzukommen.

Das aktive Einholen von Empfehlungen ist zum Beispiel so eine Strategie. Wir fragen den Nachbarn, die Bekannten, im Verein, in der Familie usw.: „Kennst du den? Was hört man von dem?" Das bedeutet, wir wünschen uns Sicherheit für unsere Entscheidungen im Vorfeld der Entscheidungen.

Das Leistungsbild

Wenn wir als Kunden so sind, warum ist es denn dann so schwer, als Leistungsanbieter genauso zu denken? Warum zeigen wir unseren zukünftigen Kunden denn nicht einfach was passiert, wenn sie mit uns in´s Geschäft kommen?

Und zwar als Ablaufprozess: Schritt 1: „Wir kümmern uns um Deine Wünsche!" Nicht „nullachtfuffzehn", sondern individuell.

Schritt 2: „Wir beraten Dich gerne!" Gemäß Deiner ganz speziellen Wünsche und Vorstellungen und zu Deinem Nutzen.

Schritt 3: „Wir kalkulieren mit Dir zusammen unsere Leistungen!" Nicht nach der „Vogel-friss-oder-stirb-Methode", von uns bekommst du immer drei Vorschläge und kannst dann wählen.

Schritt 4: „Wir führen so aus, dass Du die Leistungen auch erkennen kannst!" Wir zeigen Dir den genauen Ablauf der Leistungserbringung und führen dich Schritt für Schritt durch den Prozess der Verwirklichung deiner Kundewünsche.

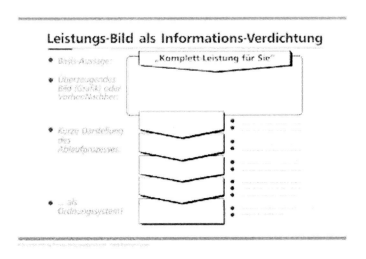

Schritt 5: „Wir lassen Dich auch nach der Leistungserbringung nicht im Stich!" Wir haben ein bewährtes Wartungs- oder Betreuungssystem, das unseren Kunden die Sicherheit gibt, dass wir auch später zu unseren Leistungen stehen und jederzeit für sie da sind. Wir wollen Stammkunden haben und deshalb pflegen wir unsere Kunden.

Das ist doch gleich eine ganz andere Welt, oder? Ich behaupte ja gar nicht, dass jetzt der Preis gar keine Rollen mehr spielt, aber kann es nicht sein, dass er jetzt auf Stufe 1b anstatt auf 1a ist?

Nochmals, weil es soooooooooo wichtig ist: Wir alle wollen die Sicherheit im Vorfeld der Auftragsvergabe, dass unsere Entscheidung richtig ist. Das ist übrigens auch ein Grund, warum Marken so wichtig für viele von uns sind. Nach dem alten Motto „So viele Menschen können sich doch nicht irren" suchen wir instinktiv nach der Empfehlung anderer und denken (oder besser fühlen), was viele machen, kann nicht ganz falsch sein. Sozusagen eine Art die Kaufentscheidung „selbstrechtfertigende" Pseudoempfehlung.

Ein Leistungsverzeichnis (auch Leistungsbild) ist also ein DIN A4-Blatt, auf dem übersichtlich und bildhaft dargestellt wird, wie wir uns eine kundenorientierte Auftragsabwicklung vorstellen.

Und woher soll man jetzt wissen, ob das auch von den Kunden als „kundenorientiert" gesehen wird? Na klar, wir machen wieder drei bis vier verschiedene Versionen, gehen damit zu Kunden, die uns und unsere Leistungen schon kennen, und fragen, welche ihnen am besten gefällt, sie am stärksten anspricht.

Wichtig dabei ist, dass wir einen Ablaufprozess darstellen, der in vier bis max. sieben Schritten vom ersten Kennenlernen zur dauerhaften Nachbetreuung führt. Wenn wir dabei aber feststellen, dass wir noch gar keine Produkte oder Dienstleistungen für eine Nachbetreuung haben, dann ist es jetzt unsere Hausaufgabe, uns Gedanken darüber zu machen, wie wir es schaffen, aus Einmalkunden Stammkunden zu machen.

Die Leistungsbroschüre

Eine Leistungsbroschüre ist sozusagen der nächste Schritt. Das ist eine Broschüre, die zusätzlich zu dem Leistungsbild noch weitere Informationen enthält, wie zum Beispiel technische Informationen, das Verzeichnis all unserer Leistungen (Portfolio) und Referenzbeispiele. Und ein Leistungsprogramm ist eigentlich auch nichts anderes, aber in einer anderen Form, wie zum Beispiel als kleine Power-Point-Präsentation, die im PDF-Format auch versendet werden kann oder gerne auch auf unserer Homepage eingesehen werden kann.

Bei allen drei Formen ist immer sehr wichtig, dass ein für den künftigen Kunden nachvollziehbarer Ablaufprozess dargestellt wird. Was passiert, wenn der Kunde mit unserer Firma in´s Geschäft kommt.

Hierbei, genauso wie beim Erstkontakt, schon vorher darüber nachdenken, was kann ich nachsenden, wenn ich beim ersten Anlauf keine Rückmeldung bekomme. Also auch auf dieser Ebene nicht gleich alles auf einmal hinschicken.

Für die Kunden sind die Informationen wichtig und für uns? Richtig, wir dürfen den Kunden natürlich nicht die Chance klauen, sich bei uns zu melden. Das heißt, auf keinen Fall das Responsemittel zu vergessen. Dabei gelten die gleichen Regeln wie beim Erstkontakt, im B to B-Geschäft nehmen wir das Antwortfax, im Privatkunden-Geschäft die faxfähige Antwortkarte.

Bei den Leistungsbroschüren kommt immer wieder die Frage auf, sollen wir das Antwortfax einheften oder lose einlegen? Wenn irgend möglich beides! Eines, das in der Broschüre bleibt (mit eingeheftet), falls diese weitergegeben wird und eines lose beigelegt, um dem Kunden die Entscheidung abzunehmen, ob er das Faxblatt jetzt heraustrennen soll oder fotokopieren oder, oder....

Solche scheinbaren Kleinigkeiten können entscheidend dazu beitragen, ob unsere Informationen wochenlang auf dem Schreibtisch des Kunden herumliegen und er dann unter Umständen gar nicht mehr richtig weiß, was er damit machen wollte oder ob er noch heute die Anforderung weiterer Informationen absendet. Auf der Ebene WI darf so ein Antwortfax durchaus auch schon einmal ein kleiner Fragebogen sein (max. 5 bis 7 Fragen) auf dem wir akuten Bedarf und/oder den Bedarf nach bestimmten Leistungen unseres gesamten Leistungsspektrums abfragen.

Der Lernbogen

Da wir in vielen Fällen nachfassen müssen, bis wir eine Kundenreaktion verbuchen können, benötigen wir, wie oben schon gesagt, hierfür auch Tools, mit denen wir die Aufmerksamkeit der Kunden auf unsere Leistungen und Produkte lenken können.

Ein hervorragendes Instrument, das ich sehr gerne einsetze und mit dem wir auch wirklich gute Erfolge haben, ist der WI-Fragebogen, wie wir das getauft haben. Dieser Fragebogen ist in Wirklichkeit kein Fragebogen, sondern ein Lernbogen. Nur dürfen wir ihn nicht so nennen, das würde beim Kunden nur Verwirrung auslösen und wir sind nicht dabei, wenn der Kunde unseren Lernbogen durchliest und können somit keine Erklärungen abgeben.

Was aber sollen die Kunden denn aus diesem NFS-Tool lernen? Sie sollen erkennen, welchen Nutzen sie von unseren Leistungen haben werden. Weiter vorne in diesem Kapitel habe ich schon einmal das Beispiel von den 1018 Schulleitern und Schulleiterinnen gebracht, die wir im Auftrag des dänischen Schulmöbelherstellers angeschrieben haben. Das war genau so ein

Lernbogen. Wir wollten bei der Zielgruppe das Verständnis für Ergonomie in der Schule, sprich für ergonomisch eingerichtete Schülerarbeitsplätze, wecken. Da haben wir dann abgefragt, ob sie denn schon wüssten, welche Vorteile die Schüler *und* die Lehrer davon haben, wenn die Klasseneinrichtung nach den Erkenntnissen der Wissenschaft eingerichtet ist.

Lernmotivation, die Kinder werden nachgewiesenermaßen ruhiger und so weiter. Das heißt, wer den Fragebogen ausgefüllt hat, hatte gelernt, dass er/sie selbst etwas davon hat, wenn er sich um die Gesundheit der Schüler/innen kümmert.

Ein weiteres Beispiel ist ein Anbieter eines besonderen Heizsystems, das sich besonders gut für nachträgliche Hausausbauten eignet und durch mögliche Eigenleistungen ein großes Einsparpotential für den Endkunden bedeutet. Seine Zielgruppe ist aber der Zimmererbetrieb, der Dachausbau anbietet. So zu sagen als Multiplikator.

Also fragt er seine Zielgruppe – die Handwerker, bei welchen Kunden sie denn mit seinem System besonders gut punkten können, wenn es denn wirklich mal um den Preis geht (Das Beispiel können Sie im Downloadbereich von www.dialog-partner.com finden).

Und im Privatkunden-Geschäft fragen wir natürlich nach so genannten Vorteilssignalen, wie Energie sparen usw.

Dieser Lernbogen zeigt dem Empfänger also, welchen Nutzen er/sie persönlich hat, wenn er unsere Leistungen in Anspruch nimmt. Gestaltet wird dieses NFS-Tool genauso wie unser Fax-Antwortbogen, das heißt mit Aufforderung zum Tun in der „ps-Zeile", mit Individualisierung und alles was zurückkommen soll gehört selbstverständlich auf eine Seite, damit es faxfähig ist.

(Original als PDF auf www.dialog-partner.com\Downloads)

Fassen wir zusammen: auf der Stufe WI können wir schon mehr Informationen herausgeben, da diese ja von den künftigen Kunden angefordert wurden. Wir zeigen unser Leistungsprogramm, evtl. schon einen Überblick über unser Portfolio, erste

Referenzen und argumentieren mit Kundennutzen. Aber auch auf dieser Stufe niemals ohne Responsemittel!

5. Nachfassen bis zum Beratungstermin

Jetzt wird es spannend! Galten die ersten beiden Stufen der allgemeinen Kontaktaufnahme mit den Interessenten und dem schrittweisen Vertrauensaufbau, so kommt jetzt die Phase der persönlichen Kontaktaufnahme.

Unsere Ziele sind auf dieser Ebene:

- **Ständig nachfassen**
- **Kurzinformationen geben**
- **Persönliche Beratung anfordern lassen**
- **Bedarf und Wünsche erfragen**

Immer wieder gibt es Diskussionen darüber, wann gehe ich denn persönlich zum Kunden? Sehr oft ist gerade bei Dienstleistern (dazu zählt auch das ganze Handwerk) die Situation folgende: Kunde ruft an, Chef soll vorbeikommen, Leistung soll vorgestern erbracht sein. Das ist schon richtig, das gibt es, betrifft in den meisten Fällen Kleinaufträge und gehört zum Alltag. Aber wenn wir uns dann angewöhnen, ohne Not grundsätzlich immer so zu agieren, dann machen wir uns unnötig das Leben schwer.

Es gilt nun einmal die millionenfach bewährte Regel, jeder Kontakt, jeder Informationsinput, jedes Mal wenn der Kunde unseren Namen liest (oder hört), jede Referenz all dies dient dem schrittweisen Vertrauensaufbau. Längst ist das durch die moderne Gehirnforschung bewiesen und auf dieser Erkenntnis beruht das gesamte Branding, der Aufbau wirklich wirksamer Markenpolitik.

Wenn wir also im guten Glauben, dass wir die Kunden überzeugen könnten, losrennen und uns mit unserer ganzen

Persönlichkeit beim Kunden einbringen wollen, ohne dass wir die Chance hatten bei den Kunden vorher mit Informationen langsam etwas mehr Vertrauen aufzubauen, dann ähnelt das einer so genannten Kaltakquise. Jetzt sitzen oder stehen wir vor dem Kunden/der Kundin und die wissen eigentlich noch gar nichts von unseren Leistungen. Im besten Falle haben diese eine Empfehlung bekommen, aber das war's dann auch schon. Und dann müssen wir eigentlich alles nachholen, was wir vorher nicht hinschicken konnten, man sagt: „Wir müssen bei Adam und Eva anfangen!"

Die Frage ist nur, ob wir so viel Zeit bekommen und/oder ob das sinnvoll ist, den Kunden stundenlang zu löchern. Was am Schluss solch eines Marathongespräches noch im Kopf des Kunden hängen bleibt, ist mehr als fragwürdig. Die Erfahrungen meiner Häuslebauer-Beratungskunden besagt, dass es immer dann am meisten um den Preis geht, wenn sie vorher nicht die Chance hatten die Kunden in die Planungs- und Vorbereitungsphasen mit einzubeziehen. Ist doch eigentlich klar, oder?

Je öfter der Kunde uns sieht, je mehr er das Gefühl bekommt in den Werdungsprozess mit einbezogen zu sein, desto mehr kommen wir seinem Gehirn vor wie ein guter Freund. Desto offener wird er/sie über ihre intimsten Wünsche sprechen.

Viele Anbieter wollen aber das schnelle Geschäft. Kommen, sehen, siegen! Na gut, wer das will muss sich aber dann auch bitte schön, gefallen lassen, dass die Kunden zurück schießen und ihr einziges Machtinstrument einsetzen und das ist? Richtig, der Preis! Und diese Anbieter können mir dann auch ganz genau und begründet beweisen, dass heutzutage doch nur der Preis zählt, die Kunden viel zu aufgeklärt, viel zu kritisch sind und dass sie einem sowieso nicht erzählen, was sie wirklich wollen. Was dann sehr oft darin mündet, dass diese blöden Kunden nachher auch noch unzufrieden mit der Auftragsabwicklung sind, weil sie vorher nicht genau gesagt haben was sie eigentlich wirklich wollten. Und daran soll der Kunde schuld sein? Na, auch daran habe ich (als Kunde) so meine Zweifel.

In manchen Berufszweigen hat es sich als nützlich erwiesen, die Stufe Kaufinteressent (KI) in Unterkategorien aufzuteilen. Weiter oben hatten wir schon einmal das Beispiel von den Hausinteressenten, die ein Haus bauen „möchten" oder „wollen".

Ähnlich mache ich es auch mit meinen Seminarkunden. Auch da gibt es die, die mir irgendwann einmal gesagt haben: „Ich muss unbedingt einmal in ihr Seminar kommen, aber im Moment habe ich keine Zeit!" Gut, dann weiß ich, er/sie gibt einer anderen Sache im Moment eine höhere Priorität, „möchte" aber gerne einmal kommen, weil er/sie den Nutzen für sich erkannt hat.

Dann gibt es die, die kommen „wollen", weil sie aus irgendeinem Grund für sich Bedarf sehen, aber zurzeit in einer Auftragsabwicklung stecken oder aus saisonalen Gründen im Moment nicht frei sind. Die kommen dann auf die so genannte „heiße Liste" und werden entsprechend telefonisch gepflegt, während die anderen eher schriftliche Informationen bekommen.

Wir sehen also, haben bis zur Stufe WI alle in der Hauptsache schriftliche Informationen bekommen, so trennen wir jetzt die Interessenten, indem wir eine interne Bewertung verteilen.

Es gibt in vielen Branchen Bewertungen, die errechnen, was ein Kundenbesuch kostet. Neben den reinen Stundensätzen für denjenigen, der zum Kunden hinfährt, fallen da noch eine ganze Menge Spesen an. Da ist es doch wirklich mehr als eine Überlegung wert, wie wir die Erfolgsquote erhöhen können.

Das klassische Mittel des „konsequenten Nachfassens" ist das Nachfasstelefonat. Auf der Stufe WI haben wir unter Umständen schon eine „unverbindliche telefonische Erstberatung" angeboten, der Kunde hat mehr Information angefordert und jetzt telefonieren wir.

Der Erfolg auch eines solchen Telefonats hängt in der Regel von der Vorbereitung ab. Haben wir eine „Telefon-Checkliste", auf der wir uns notiert haben, was wir erfragen wollen, auf der das Ziel des Telefonates notiert ist (z.B. erster Beratungstermin mit dem Chef, Probewohnen, Musterhausbesuch, Einladung zur Informationsveranstaltung o.ä.), haben wir alle Unterlagen bereit, die der Kunde bisher bekommen und/oder zurückgesendet hat? Alleine eine Aussage wie: „Ich habe hier das Faxantwortblatt vor mir liegen, dass sie uns am 12. April zurückgesendet haben mit ihrem Vermerk …." Sagt dem Gehirn des Kunden: „Aha, der kennt mich, mit dem habe ich schon einmal etwas zu tun gehabt, der hat Informationen von mir bekommen!" Und das ist dann eben eine ganz andere Vertrauensbasis, die unser Telefonat da bekommt.

Da spricht man mit den Kunden über ihnen bekannte Dinge und kann zu genau diesen Fakten gezielte Fragen stellen, die den Kunden tiefer in das Thema ziehen. Termine, die aus solchen Gesprächen entstehen, sind von hoher Wertigkeit, da beide Seiten wissen, was auf sie zukommt - ehrlich und ohne Tricks.

Immer wieder nachfassen

Kunden, die sich auf dieser Stufe unseres Marketingsystems befinden, haben in der Regel schon zweimal um mehr Informationen gebeten.

Das bedeutet für uns, sie sind auf Stufe drei unseres NFS angekommen und haben somit schon ein tieferes Interesse an unserem Unternehmen und unseren Leistungen gezeigt.

Also geben auch wir ihnen diese Wertigkeit in unserem System. Jetzt fassen wir in kürzeren Abständen nach und wir wollen auch von unseren künftigen Kunden mehr Informationen haben. In manchen Bereichen setzen wir hier schon Checklisten ein, welche den Kunden zugesendet werden. Zum Beispiel, um das erste persönliche Beratungsgespräch vorbereiten zu können. Diese Checklisten bekommen dann Namen, die dem Kunden einen für ihn nachvollziehbaren Nutzen aufzeigen: „Bauherren-Fragebogen", „Wunschliste für Ihre Altersvorsorge", „Fragebogen für die Individualisierung Ihrer ganz persönlichen Kunden-Datenbank" usw. Auch diese Fragebogen werden gestaltet wie das Rückantwortfax aus der Stufe Erstkontakt, also möglichst personalisiert und so weiter. Damit sie den Kunden keine Denksportaufgaben zum Lösen geben und möglichst ohne großen Aufwand zurückzusenden sind.

Müssen die Kunden den Fragebogen wirklich unbedingt vor dem ersten Beratungsgespräch zurücksenden? Nein, müssen sie nicht! Besser ist es schon, weil wir uns dann auf das Erstgespräch besser vorbereiten können. Egal ob der Fragebogen zurückgesendet wird oder nicht, wir haben beim ersten persönlichen Kontaktgespräch sofort einen guten Einstieg. Denn wenn die Kunden ihn nicht zurückgesendet haben, dann können wir ihnen jetzt beim Ausfüllen helfen.

Kommt beim Nachtelefonieren nicht gleich ein Termin zu Stande, wird dabei am Ende des Telefonats aber auf alle Fälle ein Ziel vereinbart. Dies kann das Zusenden weiterer Informationen sein, ein neuer Termin der telefonischen Kontaktaufnahme und/oder die Einladung zu einer Informationsveranstaltung usw.

Ist der nächste Termin auf unbestimmte Zeit verschoben worden, wird regelmäßig schriftlich nachgefasst. Mit Erinnerungsbriefen, Einladungen zu Informationsveranstaltungen, Referenzbeispielen, Nutzenargumenten, neuen Ideen usw. Auch hier gilt es wieder, die Abstände, in denen nachgefasst wird, sind zum einen von der Zielgruppe abhängig, zum anderen von der angebotenen Leistung.

Nur eine Zeitspanne ist fix: Nachtelefoniert wird *immer* innerhalb von acht bis maximal zehn Tagen nach der letzten schriftlichen Information. Warum das? Nun, das hat etwas mit der so genannten Vergessenskurve des Menschen zu tun.

Bekanntlich vergessen wir Menschen Informationen, die nicht ständig wiederholt werden, sehr schnell wieder. Wenn wir also heute unserem Kunden eine schriftliche Information zukommen lassen, dann heben wir seinen Kenntnisstand über uns und unsere Leistungen auf einen gewissen Level.

Nachfassen bis zum Beratungs-Termin
Wir stehen im ständigen Kampf gegen das Vergessen!

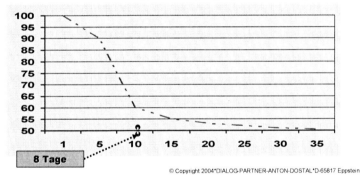

© Copyright 2004*DIALOG-PARTNER-ANTON-DOSTAL*D-65817 Eppstein

Wenn wir dann nicht schnell genug hinterher telefonieren, dann machen wir uns das Leben nur unnötig schwer, weil er schon wieder die Hälfte vergessen hat und wir ihn dann am Telefon wieder auf den neuesten Kenntnisstand heben müssen.

Fassen wir zusammen: auf der Ebene Kaufinteressent (KI) haben wir das Ziel einen ersten persönlichen Beratungstermin zu bekommen. Dazu verwenden wir:

Kurzfristig:	das Nachfasstelefonat,
Mittelfristig:	Erinnerungsbriefe, Checklisten, Einladungen zu Informationsveranstaltungen und
Langfristig:	Einladungen, Referenzbeispiele und Briefe mit Ideen- und Nutzendarstellungen (am besten mit Bildern) sowie Fragebögen (ähnlich wie bei den WI).

6. Persönlich beraten und kalkulieren

Jetzt kommt es zum persönlichen Kontakt mit unseren Kunden. Wir alle kennen das uralte Sprichwort: Der erste Eindruck zählt! Und daran ist erwiesenermaßen viel Wahres. Grundsätzlich gilt auch hier die Erkenntnis, dass der Erfolg einer Aktion zum großen Teil von der exakten Vorbereitung abhängig ist.

Steven R. Covey sagt in seinem Millionenseller „Die 7 Wege zur Effektivität" (* 10): „Alles wird zweimal geschaffen. Es gibt bei allem eine mentale oder erste Phase des Schaffens und eine physische oder zweite Phase". Er vergleicht das mit dem Bau eines Hauses. Wenn wir da in der Planungsphase nicht ordentlich arbeiten, dann kann es nachher in der Bauphase unter Umständen ziemlich teuer werden.

Wir aber rennen schlecht vorbereitet zum Kundengespräch, kommen eventuell gerade noch rechtzeitig zum Termin, haben noch die kleinen Alltagskatastrophen von vorher im Kopf und wollen dann einen aufgeschlossenen, für unsere Leistungen interessierten Kunden vor uns haben!?!

Neben der guten Vorbereitung gilt, sozusagen gleichwertig, der Satz: „Zeigen Sie, was Sie sagen wollen!" Für beides benötigen wir wieder die richtigen Tools und mit denen wollen wir uns jetzt beschäftigen.

Unsere Ziele sind auf dieser Ebene:

- **Individuell beraten**
- **Gemeinsam kalkulieren**
- **Möglichkeiten aufzeigen**
- **Bei Entscheidungen helfen**

Wollen wir nicht alle individuell beraten werden gemäß unseren ganz speziellen Wünschen? Wir hatten einmal einen jungen Garten- und Landschaftsarchitekten in unserem Seminar, voller Kreativität und übervoll mit gutem Fachwissen. Als wir über das Thema „Kundenwünsche ermitteln" sprachen, da hat er sich ganz spontan zu Wort gemeldet und ausgerufen: „Na, das sind mir sowieso die liebsten Kunden, die bei der Planung immer mitschwätzen wollen und glauben sie hätten von Gartengestaltung eine Ahnung, nur weil sie mal eine Gartenzeitschrift gelesen haben!"

Danach war es im Seminarraum zuerst einmal sehr still. Bis sich eine Teilnehmerin meldete und ganz zaghaft fragte, ob denn bei ihm die Kunden kein Mitrederecht hätten und für wen er denn die Gärten planen würde, für sich oder für die Kunden? Ich weiß, dass er aus dem Seminar mit einer ganz anderen Sichtweise seiner Arbeit heimgefahren ist und heute sehr erfolgreich mit den Kundenwünschen arbeitet.

Oft sind wir alle so voll von gutem und auch wichtigem Fachwissen, dass uns die Sicht auf unsere Leistungen mittels der „Kundenbrille" sehr schwer fällt. Auch erscheint es uns am Anfang, wenn wir das Zuhören noch nicht trainiert haben, leichter, uns auf unser Fachwissen zurückzuziehen - besonders dann, wenn uns die Kunden mit Fragen in die Enge treiben, deren Beantwortung uns spontan schwer fällt. Anstatt nochmals nachzufragen und, wenn nötig noch mal und noch mal, möchten wir als Fachleute glänzen und texten die Kunden zu. Leider oft auch noch mit tollen Fachbegriffen.

Näher betrachtet machen wir uns das Leben aber unnötig selber schwer, wenn wir den Kunden nicht wirklich und aufrichtig zuhören. Wie will man denn eine kundenorientierte Leistung kreieren und kalkulieren, wenn man nicht ganz genau herausbekommen hat, was unsere Kunden wirklich wünschen? In vielen Befragungen und Marktuntersuchungen kommt immer wieder heraus, dass die am meisten vernachlässigte Phase der Kundenberatung immer noch „das richtige Erkennen der Kundenbedürfnisse" ist. Und zwar international.....

Die 5 Phasen der aktiven Beratung

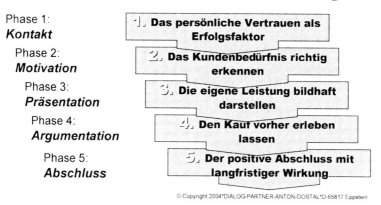

© Copyright 2004*DIALOG-PARTNER-ANTON-DOSTAL*D-65817 Eppstein

Die 5 Phasen der aktiven Beratung.

Hier haben wir sie wieder: Die fünf Phasen, die wir ja schon aus dem schriftlichen Verkaufsgespräch kennen. Es sind tatsächlich die gleichen Phasen mit genau den gleichen Zielen, nämlich:

Phase 1 = die Kontaktphase,
Phase 2 = die Motivationsphase,
Phase 3 = die Präsentationsphase,
Phase 4 = die Argumentationsphase und
Phase 5 = die Abschlussphase.

Was wir jetzt etwas verändert sehen, sind die Themen, die den einzelnen Phasen zugeordnet werden. Dies geschieht selbstverständlich wieder aus Sicht der Kunden. Viele Verkaufstrainer legen heute immer noch größten Wert auf die Abschlussphase. Sie wollen verhindern, dass die Kunden jetzt noch „abspringen". Da wird das Behandeln von Einwänden oder das Ablenken von

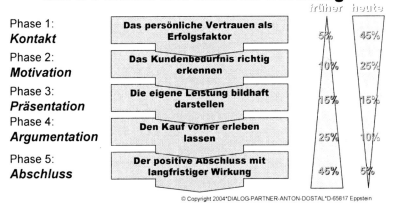

der Preisargumentation des Kunden trainiert. Nun ja, wenn es hilft!?! Ich frage mich nur allen Ernstes, ob ich als Kunde gerne meine Einwände ausgeredet bekommen möchte?

Ob das denn wirklich nötig ist, wenn ich ein klares Bild von der Leistung in meinem Kopf habe? Und muss ich von dem Preis abgelenkt werden, wenn ich am Ende ja doch wählen kann zwischen mehreren Alternativen?

Nach unserem Denken wollen wir eher Kauf*berater* des Kunden werden. Das heißt, wir stehen auf der gleichen Seite wie der Kunde und nicht in Konfrontation zu ihm. Wir verkaufen nicht, wir lassen kaufen. Das ist schon eine ganz andere Welt und für machen Hard-Seller eine echte Provokation.

Phase 1
Das persönliche Vertrauen als Erfolgsfaktor.

Wir leben heute unbestreitbar in dem Zeitalter der Informationsgesellschaft. Jeder kann sich jede gewünschte Information innerhalb kürzester Zeit besorgen. Das Internet ist, legal und richtig genutzt, eine fantastische Möglichkeit, vielfältigste Informationen aus aller Herren Länder und aus allen Fachgebieten zu bekommen. Vom Schulkind bis zum Senior, allen Altersklassen wird etwas geboten, und wir können in Sekundenschnelle Kontakt aufnehmen zu Menschen auf der ganzen Welt. Viele unserer Interessenten und Kunden suchen uns schon heute über dieses Medium, zum Beispiel mittels Suchmaschinen, die uns zu jedem gewählten Thema tausende von Seiten aus der ganzen Welt präsentieren. Aber, und dieser Trend wird immer deutlicher, gleichzeitig scheint uns diese Informationsüberflutung unterschwellig Angst zu machen.

Nehmen wir das Beispiel Handwerkerleistung. Früher, das heißt vor 40 bis 50 Jahren, haben wir uns mit unserer Anfrage vertrauens-voll an den Handwerker in unserer Heimatgemeinde gewendet und dieser wusste, dass unsere Anfrage, quasi automatisch, mit einem Auftrag für ihn verbunden war. Man brauchte nur einen für beide Seiten annehmbaren Preis auszuhandeln und schon lief das Geschäft.

Heute gebe ich – Kunde - das entsprechende Suchwort in einer Internetsuchmaschine ein und bekomme 7 bis 77 Handwerker aus einem Umkreis von 30 bis 50 km angezeigt. Und das ist nicht nur bei Handwerkern so, das betrifft fast alle Dienstleistungsbranchen. Bei welchem anfragen? Für welchen soll ich mich entscheiden? Da wird die Wahl tatsächlich zur Qual.

Genau aus diesem Grund wird das Bedürfnis nach Sicherheit und Vertrauen bei jedem von uns immer stärker. Das heißt aber wiederum für uns als Leistungsanbieter, dass es unsere Pflicht ist genau dieses Bedürfnis zu befriedigen, wenn wir wollen, dass der Kunde sich schon im Vorfeld der Auftragsvergabe bei uns so wohl fühlt, dass er auch bereit ist, uns seine tatsächlichen „Herzenswünsche" zu offenbaren.

Ohne dieses Vertrauen werden wir niemals in der Lage sein, ihm ein *wirklich* individuelles Angebot zu machen, und dann werden wir immer vergleichbar bleiben und dieser Vergleich wird dann auch immer auf der Preisschiene stattfinden. Denn der Kunde hat gar keine andere Möglichkeit.

Ich weiß aus tausenden von Gesprächen mit Seminarteilnehmern/innen und auch aus meiner ganz eigenen persönlichen Erfahrung heraus, dass es für uns alle zuerst einmal sehr schwer ist zu erkennen, dass hauptsächlich wir selbst daran Schuld sind, wenn wir ausschließlich am Preis gemessen werden.

Und ich weiß auch, dass unsere Vorgehensweise nach dem NFS die Preisdiskussion nicht eliminiert, aber wie schon weiter vorne im Buch mehrfach erwähnt: Mit einem entsprechend aufgebauten Vertrauen auf beiden Seiten spielen sich Preisverhandlungen auf einer ganz anderen Ebene ab, ja, ich behaupte sogar in einer ganz anderen Welt.

Schnäppchenjäger zahlen meistens drauf

Natürlich gibt es auch die „preisnärrischen" Kunden. Die, die ihren persönlichen Erfolg, ja oft sogar ihre eigene Persönlichkeit darüber darstellen wollen, dass sie wieder einmal „gewonnen" haben, weil sie für irgendeine Sache den „allerbesten Preis der ganzen Welt" herausgeschunden haben. Aber erstens sind diese „Schnäppchenjäger" nach allen mir bisher bekannten Marktuntersuchungen deutlich in der Minderzahl – obwohl es in den letzten Jahren tatsächlich einige wenige Prozent mehr geworden sind – und zweitens werden diese Kunden langfristig immer draufzahlen, denn gute Qualität und guter Service ist nicht für „nix" zu bekommen. Das war so, das ist so und das wird gerade in Zukunft immer stärker so sein.

Das heißt übrigens nicht, dass man mit den Schnäppchenjägern keine lukrativen Geschäfte machen kann, man muss sich aber dann ganz darauf spezialisieren.

Wenn also das Vertrauen ein so unendlich wichtiger Faktor ist, was müssen wir dann tun, welche Tools gibt s im NFS für diesen Vertrauensaufbau?

Vertrauensaufbau mit System

Zuerst einmal ist es wichtig, dass wir es ehrlich meinen! Tricks und irgendwelche, wie auch immer gearteten Verkaufsstrategien werden von den Kunden über kurz oder lang durchschaut und schon ist das Vertrauen im Eimer. Aufträge kann man damit sicherlich „auf die Schnelle" bekommen, aber Stammkunden? Na, ich bleibe dabei, da habe ich meine Zweifel.

Erinnern Sie sich, liebe Leserin, lieber Leser, noch an den Anfang dieses Buches? Da habe ich Ihnen gewünscht, dass sie nie mehr wieder *einen* Auftrag bekommen. Sehen sie, genau das habe ich damit gemeint. Denn wenn wir langfristig auf dem Markt bestehen wollen, dann brauchen wir Kunden, Stammkunden und keine kurzlebigen Aufträge.

Und solche Stammkunden, die wollen eben sorgsam und behutsam aufgebaut und dann später auch langfristig gepflegt werden. Also keine Tricks! Wir versuchen vom Anfang unserer Kundenbeziehung, an ehrlich und vertrauensvoll an unsere Kunden heranzutreten. Das bedeutet aber im Umkehrschluss auch, dass wir in der Lage sein sollten einem Interessenten klar und deutlich zu sagen, wenn wir der Meinung sind, dass er persönlich und/oder seine Leistungsanfrage gar nicht zu uns und unserem Leistungsangebot passen.

Ich weiß ganz genau, was ich da jetzt sage! Aber kennen wir nicht alle das uralte Sprichwort: „Lieber ein Ende mit Schrecken, als ein Schrecken ohne Ende!" Wenn wir doch schon beim ersten persönlichen Kennenlernen feststellen, dass „die Chemie" nicht passt, wie lange wollen wir uns und unseren Kunden denn dann quälen?

Stellen wir uns doch nur einmal vor, wir verrenken uns tatsächlich so lange, bis wir uns, unsere Leistung und meistens auch noch den Pries dafür an die Anforderungen dieses von vornehereien ungeliebten Kunden angepasst haben. Dann ist der unter Umständen nach 47 Reklamationen auch noch zufrieden und wird Stammkunde. Oh weh, da bekomme ich ja schon beim Schreiben dieser Zeilen eine Gänsehaut! Solche Kunden saugen so viel Zeit und Energie ab, damit können wir leicht drei neue gewinnen und zugleich pflegen.

Auch ist mit ehrlich und vertrauensvoll nicht gemeint blauäugig und ahnungslos, sondern wie oben schon gesagt: Gut vorbereitet und ohne Tricks und Schliche, aber auf gleicher Augenhöhe mit dem Kunden. Ich schenke diesem Thema deswegen so viel Beachtung und beschreibe es deswegen hier so ausführlich, weil Vertrauen heute schon und erst recht in der Zukunft das wichtigste Thema beim Anbieten von Leistungen aller Art überhaupt sein wird.

Schauen wir uns jetzt die Tools an, die wir im NFS für den gezielten Vertrauensaufbau zur Verfügung haben.

Denken sie noch daran: „Der erste Eindruck zählt!" Was ist das wichtigste Wort, wenn wir zum ersten Mal beim Kunden sind? Richtig, der Name des Kunden/der Kundin. Und der dann auch noch richtig ausgesprochen. Wenn ich in meinen Seminaren Teilnehmer/innen mit einem schwierig auszusprechenden Namen habe, dann bin ich immer in der Lage diesen Namen wenigstens weitestgehend richtig auszusprechen. Immer? Ja, denn ich scheue mich nicht vorher telefonisch zu erfragen, wie ich diesen Namen aussprechen soll.

Was ist denn dann das zweitwichtigste Wort beim persönlichen kennen lernen? Unser eigener Name. Und wir denken schon hier daran: „Zeigen sie, was sie sagen wollen!" Den Namen zeigen? Klar, mit Hilfe der Visitenkarte. Scherzhaft nennt man das im B to B-Geschäft heute "asiatisches Duell", weil in vielen Ländern Asiens der Austausch der Visitenkarten heute täglicher Gebrauch ist, auch im privaten Bereich. Ob wir so weit gehen wollen, ist uns überlassen.

Aber im geschäftlichen Bereich ist die Visitenkarte bei uns ein viel zu oft unterschätztes Werbeinstrument. „Haben schon alle ihre Mitarbeiter eigene Visitenkarten? Auch die Lehrlinge?" Spätestens bei dieser Frage werde ich von manch gestandenem Handwerksmeister (und nicht nur von denen) gefragt, ob ich denn nicht wüsste, was das alles kostet.

Doch, weiß ich. Die Frage ist nur, was passiert mit einem Lehrling, der beim Unterschreiben seines Lehrvertrages schon seine ersten eigenen Visitenkarten ausgehändigt bekommt? Schämt der sich dafür und versteckt diese schnell? Oder wird er dann gleich mindestens 2 cm größer und macht in der ganzen Verwandtschaft und Bekanntschaft für „seine" Firma Reklame?

Wir haben von einem NFS-Anwender, einem Zimmereibetrieb, ein konkretes Beispiel, wie aus der konsequent nachbearbeiteten persönlichen Empfehlung eines Praktikanten im Laufe von nur 2 Jahren eine Empfehlungskette mit mehr als 2 Millionen Euro Umsatz wurde.

Ich glaube, dem hätte jeder vernünftige Mensch goldene Visitenkarten mitgegeben. Wenn man es nur *vorher* schon gewusst hätte. Immer wieder werde ich gefragt, was denn nun wichtiger ist, das persönliche Bild oder das Firmenlogo auf der Visitenkarte. Sicherlich ist das auch wieder zielgruppenabhängig und abhängig von der Leistung, die wir erbringen. Aber wenn das, was wir verkaufen, wir selbst sind, so wie das in vielen Dienstleistungsbereichen der Fall ist, dann gehört meines Erachtens unbedingt auch ein Foto von uns auf die Visitenkarte.

Ich kenne ein Maklerbüro, die lassen das persönliche Bild nicht aufdrucken, sondern kleben kleine Fotos – wie winzige Passfotos – auf die Visitenkarte. Das macht einen absolut hochwertigen Eindruck und wir wissen ja, man muss meistens nicht unbedingt besser sein als andere um positiv aufzufallen, sondern nur ein bisschen anders. Wenn wir aber Leistungen verkaufen, die pro Stammkunde weniger als 0,10 Euro Nettoverdienst erbringen, dann würde selbst ich auf Visitenkarten für alle Mitarbeiter verzichten.

Nun haben wir das wichtigste und das zweitwichtigste Wort beim ersten persönlichen kennen lernen der Kunden gelernt. Was ist aber das drittwichtigste Wort? Und dieses Wort ist für den Vertrauensaufbau meistens sogar noch wichtiger als unser eigener Name. Ok, das war jetzt leicht zu erraten, es ist natürlich der Name des Empfehlers /der Empfehlerin. Denn wenn es um Vertrauen geht, ist alles, was unserem Gehirn schon als bekannt erscheint, von allergrößter Wichtigkeit.

Bis wir so viel Vertrauen aufgebaut haben wie die Nennung des Empfehlernamens signalisiert, müssen wir uns gewaltig anstrengen. Was aber, wenn wir vorher vergessen haben, nach der Empfehlung zu fragen? Na, dann fragen wir halt jetzt danach. Nicht immer ist das eine Person. Manchmal kommen die Kunden über unsere Internetseite, über eine Zeitungsanzeige, über eine Werbung auf unseren Fahrzeugen, über unseren Messeauftritt oder, oder.... Das nennen wir dann eine „Pseudoempfehlung".

Aber es lohnt sich auf jeden Fall danach zu fragen, denn erstens lernen wir daraus, welche Werbemaßnahmen wirksam sind und zweitens lernt das Gehirn des Kunden schon am Anfang des Gespräches: „Den kennst du schon, mit dem hast du, wenn auch indirekt, schon mal Kontakt gehabt!" Und, schwupp, schon sind wir ihm ein wenig vertrauter als vorher.

Die gleichen unbewussten Mechanismen nutzen wir, wenn wir zum Gespräch (nicht nur zum ersten) grundsätzlich alles mitnehmen, was wir dem Kunden bisher zugesendet haben und – noch besser – alles, was der Kunde uns bisher zurückgesendet hat.

Wenn wir ein Rückfax erhalten haben, auf dem der Kunde etwas angekreuzt hat oder auf dem er handschriftliche Vermerke gemacht hat, so beziehen wir uns darauf und zeigen ihm das auch. Dann sieht er, dass er selbst schon initiativ war und das gibt ihm wieder ein bisschen mehr Vertrauen.

Es ist, glaube ich, jetzt schon leicht zu erkennen, es handelt sich hier nicht um eine „Brechstangenaktion", sondern um eine Taktik der kleinen Schritte. Wer dazu bereit ist, der erntet dann auch die Früchte, da er mit deutlich entspannteren und offeneren Kunden verhandelt.

Wenn wir dazu Gelegenheit haben und es die Zeit erlaubt, dann ist es durchaus sehr interessant bei den Kunden einmal nachzufragen, woher sie unser Unternehmen denn noch so kennen - das kann man auch später noch einmal machen. Wir merken dann sehr schnell, dass unsere Kunden in der Regel nicht alleine durch eine Empfehlung zu uns gekommen sind.

Da war die Empfehlung des Berufskollegen, dann haben sie unser Servicefahrzeug mit der Aufschrift gesehen, dann haben sie mit der Nachbarin darüber gesprochen, die Bandenwerbung am örtlichen Fußballplatz gesehen usw. Wir lernen daraus, dass es nur in den allerseltensten Fällen genügt, die Kunden und Interessenten *einmal* anzusprechen. Wir müssen immer daran denken, wie das mit dem Branding, der Markenbildung, ist. Je öfter die Kunden eine bestimmte Leistung mit unserem Namen verbinden, desto größer die Chancen, dass wir – unser Namen, unsere Firma – dann, wenn Bedarf besteht, auch genau mit dieser Leistung in Verbindung gebracht werden.

Wir wollen aber meistens einmal eine große Werbung machen und dann für mindestens ein Jahr Aufträge haben. Beides ist „Quatsch"! Lieber kleine, aber dauerhafte Werbung und lieber Stammkunden als nur einen großen Auftrag und danach das große Loch. Aber dazu kommen wir noch später in diesem Buch.

Fassen wir zusammen: Vertrauensaufbau ist die Politik der kleinen Schritte. Wichtig ist, dass der Kunde sich von Anfang an ernst genommen fühlt. Dazu gehört eine gute Vorbereitung, eine persönliche, bildhafte Vorstellung, das konsequente Fragen nach der Empfehlung und das Aufzeigen aller Dinge und Aktionen, die vor dem ersten persönlichen kennen lernen schon gelaufen sind.

Phase 2
Das Kundenbedürfnis richtig erkennen.

Wie schon weiter oben in diesem Buch gesagt, liegt hierin einer der „Hauptknackpunkte" jeder beginnenden Kundenbeziehung. Wer in dieser Phase nicht gewissenhaft arbeitet, macht sich und den Kunden das Leben nur unnötig schwer. Bei einer Umfrage mit dem Thema „Wie soll Ihrer Meinung nach der Gewerbebetrieb der Zukunft aussehen?" haben die Kunden an erster Stelle (72%) genannt: „er soll sich mehr an den Wünschen der Kunden orientieren". An zweiter Stelle (62%) kam dann: „ er soll mehr Service bieten", an dritter Stelle wünschte man sich geschulteres Personal und man sollte es nicht glauben, an vierter Stelle „bitten" uns die Kunden, dass wir uns aktiver um den Verkauf bemühen. Als ich das gelesen habe, war ich schon ein wenig erstaunt. Dass wir alle uns noch viel aktiver um den Verkauf unserer Leistungen bemühen müssen, weiß ich schon lange, aber dass uns die Kunden auch noch darum bitten müssen, ist schon ein Ding für sich.

Aber kommen wir zurück zum Thema Kundenwünsche. Das käme doch nicht mit deutlichem Abstand an erster Stelle, wenn wir das schon heute machen würden. Die Frage ist nur, was heißt das: „Mehr an den Wünschen der Kunden orientieren"?

Mehr an den Wünschen der Kunden orientieren

Ist es nicht oft so, dass diese Kunden noch gar nicht richtig wissen, was sie wirklich von uns wollen? Oh ja, oft ist es genau so! Aber wessen selbst auferlegte Verpflichtung müsste es dann sein ihnen dabei zu helfen herauszukommen, was sie von uns haben können? Sicher, in einigen Branchen hat das schon seit vielen, vielen Jahren Kultur. So kommt der Maler schon seit ewigen Zeiten mit dem Tapetenmusterbuch zum Kunden.

Die Frage ist dann nur, ob sich der Kunde vorstellen kann wie diese wenigen Quadratzentimeter dann aussehen, wenn es plötzlich 12 Quadratmeter sind. Aber immerhin ist das schon einmal ein guter Anfang. Haben Sie lieber Leser/liebe Leserin auch schon ein Musterbuch für Ihre Leistungen?

Wie können sie die Wünsche ihrer Kunden visualisieren? Wie das Bild, das sie von ihrer Leistung im Kopf haben, so transportieren, dass es mit dem Bild im Kopf des Kunden deckungsgleich ist? In den meisten Fällen wollen wir sofort mit der Präsentation unserer Leistung beginnen. Da kennen wir uns aus, auf diesem Gebiet sind wir scheinbar fit und fühlen uns stark. Und genau das bestätigen ja leider auch die oben genannte Marktuntersuchung: Wir orientieren uns nicht genug an den Wünschen der Kunden.

Wie aber können wir nun die Wünsche der Kunden so genau wie möglich erkunden? Nun, die Antwort ist so einfach wie einleuchtend: „Durch Fragen und Zuhören", besser: „Durch aktives Fragen und aktives Zuhören", noch besser: „durch aktivierendes, schriftliches Fragen und schriftliches Zuhören!"

Schriftliches Zuhören? Da kommt vor Kurzem ein erfahrener „Kundenberater" einer international tätigen Firma zu mir, der mir erzählt, dass er schon seit vielen Jahren „im Geschäft" ist. Er präsentiert mir die Vorteile seiner Produkte und macht mich auf die Vorteile gegenüber den bekannten Konkurrenzprodukten aufmerksam. Danach schildere ich ihm ausführlich, warum ich bei seiner Firma angefragt habe und wozu ich die mir offerierten Produkte brauche. Er hört sich das alles geduldig an, antwortet auf meine Fragen, aber er schreibt sich nichts davon auf. Als ich ihn danach frage, warum er sich denn keine Notizen von meinen Wünschen macht, da strahlt er im Vollbewusstsein seiner fachlichen Kompetenz über das ganze Gesicht und sagt mir im Brustton der Überzeugung: „Ach, Herr Dostal, ich mache diesen Job jetzt schon über 12 Jahre, das ist doch immer dasselbe!"

Na super!!! Da fühlt man sich als Kunde so richtig ernst genommen, das gibt einem doch sofort das Gefühl als Kunde bei dieser Firma wirklich wichtig zu sein. Und als Mensch weiß man auch sofort, wo man hier eingestuft wurde – Nummer XYZ! Ich weiß schon, viele lachen jetzt über dieses zwar reale, aber doch scheinbar extreme Beispiel.

Aber in meinen Seminaren höre ich immer wieder: „Aber Herr Dostal, das kann ich doch, nicht machen, wenn ich mir immer alles aufschreibe, dann denken die Kunden doch ich beherrsche mein Fach nicht!" oder: „Denken denn die Kunden nicht, ich sei zu dumm mir etwas zu merken, wenn ich alles mitschreibe?"

Und dann sitzen wir abends im Büro, wollen ein Angebot schreiben und haben eine einzige, scheinbar winzige Kleinigkeit vergessen und können das Angebot nicht fertig machen. Aber auch ohne das, wenn wir die Kunden fragen, dann hören wir immer wieder: „Das haben ich von Anfang an gemerkt, dass das ein ganz anderer Anbieter ist als alle anderen, die bisher da waren. Der hat uns nämlich ernst genommen und sich notiert, was wir ihm gesagt haben".

Warum aber ist es für viele von uns so schwer schriftlich zu denken, schriftlich zu fragen und schriftlich zuzuhören? Ganz einfach, weil wir erstens – und grundsätzlich - nicht dazu erzogen und/oder ausgebildet wurden und weil wir zweitens – und hauptsächlich – gar keine Werkzeuge (Tools) dafür haben.

Na gut, dann müssen wir es jetzt eben nachholen. Fragebogen, Beratungsbogen, Wunschlisten, Checklisten usw., das sind die Tools, die wir entwickeln und dann auch verwenden um den Kunden zu zeigen: „Ich bin auf unser Gespräch vorbereitet, ich nehme deine Wünsche ernst!" Natürlich sind solche Checklisten nur das Gerüst für unser Kundengespräch. Wir müssen dieses Gerüst dann noch mit Leben füllen, durch „aktivierende Fragen". So genannte offene Fragen, auch W-Fragen genannt.

Herzenswünsche identifizieren

Ziel ist es, den Kunden zum „Plaudern" zu bringen. Ihn dazu anzuregen aus dem „Nähkästchen" zu erzählen. Wir wollen herausbekommen, was ihm „wirklich auf der Seele brennt", seine wahren Kaufmotive erfahren. Was ändert sich in seinem Geschäft, in seinem Leben, wenn er unsere Leistung in Anspruch nimmt? Wir lassen die Kunden selbst formulieren, welchen Nutzen sie von unserer Leistung haben werden und das schreiben wir uns auf. Denn das können wir unter Umständen nachher beim Preisgespräch sehr gut gebrauchen.

Wir fragen die Kunden auch schon jetzt, auf wie viel Leistung sie denn verzichten würden, wenn es nachher darum geht, einen günstigeren Preis zu finden und lassen sie dabei lernen, dass weniger Geld auch weniger Leistung bedeutet.

Aber - und das ist fast noch wichtiger - wir fragen sie auch nach ihren „Herzenswünschen". Nach den Dingen, die ihre Augen glänzen lassen. Wie meine Installateure sagen: „Nach den goldenen Wasserhähnen". Dieses Abfragen einer gewissen Bandbreite von Leistungen ist immens wichtig für unsere spätere Kalkulation, denn da sollen wir nachher verschiedene Vorschläge machen. Wenn wir aber bei der Ermittlung der Kundenwünsche geschludert haben, dann fällt uns das sehr schwer.

Hier fällt die Entscheidung

Das heißt nichts anderes, als dass hier die Entscheidung für die „3-Vorschlags-Methode" fällt, die ich nachher im Kapitel „Kalkulieren" vorstellen werde. „Ist das denn nicht unheimlich aufwendig? Was wenn ich dafür überhaupt keine Zeit habe?" Na, ganz einfach, dann müssen wir eben besonders „gute" Preise machen.

Am Anfang müssen wir natürlich üben, aber mit zunehmender Übung automatisiert sich auch dieser Vorgang wie so vieles im Leben. Und einen ganz besonderen Bonus bekommen wir gratis: Es macht unheimlichen Spaß, wenn wir erleben, dass sich durch dieses bisschen an Mehrarbeit unser Verhältnis zu den Kunden, quasi von Anfang an verbessert. Es stellt sich in den meisten Fällen von Anfang an eine größere Vertrautheit ein, also genau das, was wir brauchen um eine gute, langfristige Kundenbeziehung aufzubauen.

Ich habe schon Fälle erlebt, bei denen es beim ersten Kontakt aus unüberwindlich verschiedenen Preisvorstellungen nicht zum Auftrag kam, der Kunde aber bei einer Anfrage für eine andere Leistung angerufen und gesagt hat, dass er auf Grund der guten Beratung jetzt doch noch einmal anfragt und gerne mit uns ins Geschäft kommen möchte.

Wenn man dann allerdings zu stolz ist und absagt, weil man den ersten Auftrag nicht bekommen hat, hat man nicht nur alle Vorarbeit in den Sand gesetzt, man ist auch mit Sicherheit um einen künftigen Stammkunden ärmer geworden. Dies gilt im B to C-Geschäft genauso, wie in B to B. Wer sagt uns denn, dass der Kunde beim Wettbewerber zufrieden war?

Lieber einen Schritt zurück

Was aber, wenn der Kunde mit Informationen sehr zurückhaltend ist, wenn er von sich aus keine Fragen stellt, wenn er auf unsere Fragen kaum und/oder sehr zaghaft antwortet, immer wieder das Beratungsgespräch abschneiden will und ständig nach dem Preis fragt, ohne eine Nutzenargumentation zuzulassen?

Nun, dann gibt es nach meiner Erfahrung und der Erfahrung vieler meiner Beratungskunden meistens zwei Möglichkeiten: Erstens, wir haben noch nicht genug Vertrauen aufgebaut, dann müssen wir unbedingt wieder einen Schritt zurückgehen. Vielleicht mit einem Referenzbeispiel, dem Nennen einer

Referenzadresse oder mit „smal-talk" über die Empfehlung mehr Vertrauen aufbauen.

Die andere Möglichkeit ist, dass der Kunde nur ein „Gegenangebot" haben möchte, dass er schon von einem Mitbewerber beraten wurde, von diesem nur *ein* (1) Angebot bekommen hat und jetzt nur noch einmal den Preis absichern möchte. Für diesen Fall möchte ich die Taktik einer meiner Beratungskundinnen weitergeben, die sagt, dass sie, wenn sie merkt, dass es in diese Richtung gehen könnte, den Kunden sofort offen darauf anspricht und ihm anbietet, das Angebot des Mitbewerbers mit ihm zusammen einmal durchzusehen, um ihm dann offen und ehrlich zu sagen, ob sie da mithalten will und kann.

Mag sein, dass diese Taktik im Privatkundengeschäft besser funktioniert als im B to B-Geschäft. Eines erspart sie uns aber auf jeden Fall: Langes Drumherumgerede und viel unnötige Zeit. Ob es funktioniert hängt mit Sicherheit davon ab, ob es uns gelingt den Kunden zu vermitteln können, dass wir es ehrlich meinen.

Alle mit einbeziehen

Ein weiterer wichtiger, aber leider sehr oft vernachlässigter, Punkt ist das Einbeziehen aller am Entscheidungsprozeß beteiligten. Ich möchte hier wieder einmal ein Beispiel aus dem Handwerk bringen, dies gilt aber - übersetzt - auch für alle anderen Dienstleistungsbereiche.

Wenn zum Beispiel eine neue Heizung bestellt werden muss, so spricht man in der Regel mit dem „Hausherrn", will heißen: Mit dem Mann über alle technischen Details. Ist der, wenn es nachher um den Preis geht, auch der alleinige Entscheider? Meistens nicht. Das bedeutet eigentlich, man müsste dann für die „Dame des Hauses", die unter Umständen die „Finanzabteilung" ist, sämtliche Vorteile, die ganze Nutzenargumentation und alle unsere Serviceleistungen und Plusleistungen noch einmal darstellen. Geschieht das nicht, weiß sie natürlich nicht, warum unsere Leistung eventuell preislich nicht mit der des Mitbewerbers vergleichbar ist. Und dann?

Im B to B-Geschäft erlebt man es leider in letzter Zeit immer wieder, dass es zur strategischen Vorgehensweise von Einkaufsteams gehört, dass einer/eine aus dem Team bei der Leistungspräsentation fehlt und somit eine Kaufentscheidung nicht getroffen werden kann und auf „später" verschoben werden muss, wenn wir nicht mehr dabei sind und somit keine Einflussnahmemöglichkeit mehr haben. Wir müssen in solchen Fällen selbst entscheiden, ob wir mit dieser Firma weiterhin zusammenarbeiten wollen. Ich habe für mich schon vor Jahren entschieden, das Kunden, mit denen keine so genannte Win-Win-Vereinbarung getroffen werden kann, also eine Situation in der beide Gewinner sind, auch später bei der Beratungsabwicklung nur Schwierigkeiten machen und verzichte dankend auf sie.

Aber ich sage auch immer offen und ehrlich warum, denn das eröffnet die Chance, dass man sich unter anderen Umständen vielleicht doch wieder treffen und zu einer für beide Teile befriedigende Vereinbarung kommen kann.

Worte visualisieren

Im amerikanischen Sprachgebrauch kennen wir den Begriff des „pencil-selling", mit dem Bleistift verkaufen. In manchen Dienstleistungsbereichen ist es nicht so leicht die Leistungen zu visualisieren. Im Handwerk und bei Herstellern haben wir es da oft leichter, eine Skizze von einem neuen Dach ist schnell gemacht, ein Muster bringt immer eine bildhafte Darstellung.

Aber was tun wir, wenn wir eine Finanzdienstleistung, eine Beratung oder ähnliche Dienstleistungen verkaufen wollen. Hier hat sich die Darstellung von Ablaufprozessen, von Vorher-,

Nachher- Situationen bewährt, wie das im Versicherungsgeschäft schon seit Jahrzehnten erfolgreich praktiziert wird. Zuerst beschreiben wir die Ist-Situation mit wenigen Stichworten, machen einen Rahmen darum, damit es ein Bild ergibt, dann beschreiben wir die Wunschsituation, sozusagen das Ziel, wieder als Bild und dazwischen den Weg dorthin in 3 bis 7 Schritten als Ablaufprozess. Ob wir das tabellarisch machen oder als Mindmap ist individuell, wichtig ist nur, dass der Kunde danach ein Bild von unserer Leistung im Kopf hat.

Immer wieder werde ich gefragt, warum das mit den Bildern denn so wichtig ist. Wir alle kennen doch das Sinnbild von den beiden Gehirnhälften, die linke ist für das logische, das Zahlendenken da und die rechte für das bildhafte Denken. Auch wenn wir heute aus der modernen Gehirnforschung wissen, dass das so nicht ganz stimmt, so ist doch das Bild hilfreich für unser Verständnis vom menschlichen Denken. Wir wollen nämlich beide Gehirnhälften ansprechen, die logisch-rationale und die bildhaft-emotionale.

Und für die Kaufentscheidung ist eben nachgewiesenermaßen die bildhaft-emotionale, unbewusste Schiene die wichtigere (* 2). Unsere Gehirne haben viele Millionen Jahre Zeit gehabt, um sich an den Umgang und das Speichern von Bildern zu gewöhnen. Sprache und Schrift gibt es aber erst seit wenigen tausend Jahren. Weshalb wir eben mit dem Erkennen von Bildern besser sind.

Und ebenfalls aus diesem Grund haben wir wieder alles dabei, was der Kunde uns schon einmal zurück geschickt hat oder Telefonprotokolle, auf welchen vermerkt ist, was der Kunde uns (unseren Mitarbeiter/innen) bei vorangegangenen Telefonaten gesagt hat usw.

Wir bei DIALOG-PARTNER haben hierfür ein so genanntes Kunden-Datenblatt (Kontaktbericht), auf dem all diese Dinge vermerkt sind, das wird aus der Kundendatenbank ausgedruckt und zum Kunden mitgenommen – immer! Auf diesem Kunden-

Datenblatt wird auch wieder alles Wichtige vermerkt, was der Kunde im Gespräch gesagt hat, kommt zurück ins Büro und wird automatisch wieder in die Kundendatenbank eingetragen.

Einfühlendes Zuhören

So zu sagen als Meisterdisziplin steht uns dann auch noch „einfühlendes Zuhören" zur Verfügung. Was das ist? Nun Steven R. Covey beschreibt diese Disziplin in seinem Buch „Die 7 Wege zur Effektivität" (*10) in etwa so: „Wenn jemand etwas sagt, „hören" wir gewöhnlich auf einer von vier Ebenen „zu":
- ➢ wir können den anderen ignorieren, ihm gar nicht wirklich zuhören,
- ➢ wir können so tun, als ob wir zuhören: „Hm, hm. Ah ja. Gut, "
- ➢ wir können selektiv zuhören, nur bestimmte Teile des Gesprächs aufnehmen, also herausfiltern, was wir hören „wollen" und
- ➢ wir haben die Chance wirklich aufmerksam zuzuhören!"

Oft ist es doch so, dass uns, während wir zuhören sofort die Lösung, die Antwort auf das, was wir hören, einfällt. Wir vergleichen das Gehörte mit unserem Wissen, mit unserer „Autobiografie". Wir alle kennen das aus dem Alltag. Da erzählt jemand etwas und sein Gegenüber legt sofort los: „Ja, ja, das kennen ich genau, das habe ich auch schon erlebt. Soll ich Dir mal von meinem Erlebnis mit dieser Sache erzählen?"

Wie oft enden Kundenwünsche genau an diesem Punkt? Der Kunde beginnt sich zaghaft zu öffnen, möchte uns seine „wirklichen" Wünsche erzählen und schwups, schon bekommt er mit der ganzen Wucht unserer fachlichen Kompetenz eins übergebraten: „Ja, ja ich weiß schon, was Sie meinen, da kann ich Ihnen gleich mal ein tolles Angebot machen!"

Ende der Interaktion, Ende der Kommunikation! Gemeint sind hier nicht irgendwelche mehr oder weniger ausgefeilte Fragetechniken, es geht nicht darum, den Kunden zu manipulieren, sondern einfach darum mit ehrlichem Interesse den Wünschen, Bedürfnisse und Erfahrungen des Kunden zuzuhören, ohne sofort die eigene Autobiografie über das Gehörte drüber zu stülpen und mit einer „Patentantwort" zu versehen.

Leider haben wir einfühlendes Zuhören nie in der Schule gelernt und in den allermeisten Fällen auch nicht an uns selbst erlebt. Dann müssen wir es eben jetzt nachholen oder wir müssen verflixt „gute" Preise haben.

Echte Aufmerksamkeit schenken

In dieses Feld gehört auch die so genannte „nonverbale Kommunikation". Kommunikationsexperten gehen davon aus, dass so wie so nur etwa zehn Prozent unserer Kommunikation über Worte vermittelt werden, der Rest teilt sich in ein Drittel Tonlage und zwei Drittel Körpersprache. Was vermitteln wir den Kunden ohne etwas zu sagen? Haben wir uns auf das Gespräch vorbereitet, wie ernst ist es uns, haben wir im Moment überhaupt „den Nerv" den Kunden „wirklich" zuzuhören?

Es macht schon einen riesigen Unterschied, ob wir als Kunde mal eben so ganz nebenbei in einer lauten und stickigen Halle „abgefertigt" werden, so zu sagen „zwischen Tür und Angel". Oder ob man uns in einem eigens für Kundengespräche präparierten Raum empfängt.

Ob wir trotz Termin lange und ohne jede Aufmerksamkeit herumsitzen und warten müssen oder ob wir mit einem Getränk und anderen kleinen Aufmerksamkeiten freundlich betreut werden, wenn es trotz aller guten Vorbereitung tatsächlich einmal zu Wartezeiten kommt. Ob wir kilometerweit zu einem Termin fahren und dann wird unser Gesprächspartner siebenmal von irgendwelchen mehr oder weniger wichtigen Telefonaten gestört, unterbricht deshalb dauernd unser Gespräch und ist danach dann eventuell auch noch abgelenkt und unaufmerksam und signalisiert uns somit unbewusst: „Alles Andere ist viel wichtiger als Du!"

Fassen wir zusammen: Das Kundenbedürfnis richtig erkennen – was will dieser Mensch wirklich von mir und meiner Leistung – ist für das weitere Vorgehen von so großer Bedeutung, dass wir hierfür viel Geduld und Zeit investieren.

Das wichtigste ist dabei aktivierende Fragen zu stellen und aktiv, das heißt schriftlich zuzuhören. Wir verwendend dabei Checklisten, denen wir kundengerechte Namen geben und schreiben uns, für den Kunden sichtbar alles Wichtige auf, um den Kunden zu zeigen: „Wir nehmen dich und deine Wünsche ernst!" Darauf achten, dass ALLE an der späteren Kaufentscheidung beteiligten Personen an diesem wichtigen Gespräch beteiligt sind. Wenn der Kunde zu wenig fragt und/oder sehr zurückhaltend mit seinen Antworten ist, lieber noch einmal einen Schritt zurückgehen in Phase 1 = Vertrauensaufbau.

Phase 3
Die eigene Leistung bildhaft darstellen

Jetzt erst ist der Punkt gekommen, an dem wir mit all unserer Fachkenntnis brillieren können. Jetzt breiten wir sozusagen unsere Ware vor dem Kunden auf dem Marktstand aus. Jetzt können und sollen wir zeigen, was wir zu bieten haben. Und dabei immer schön daran denken: „Zeigen Sie, was Sie zu sagen haben!!!"

Alle Verkaufprofis wissen, spätestens seit Herrn Dr. Häusels Buch „Brain Script" (*2), dass wir die größten Chancen haben, wenn wir „emotionale Welten" schaffen. Autohersteller erschaffen ganze Erlebnislandschaften, in denen man von der Geschichte über die Forschung bis hin zur Produktion erleben kann, wie unser Auto entstanden ist. Möbelhäuser erschaffen Wohnlandschaften, in denen man tagsüber richtig wohnen kann und natürlich auch zu essen und zu trinken bekommt usw.

Alle Großen und Erfolgreichen schaffen heute Emotionswelten, die uns in ihren Bann ziehen, weil wir alle Menschen sind, die ihre tatsächlichen Kaufentscheidungen nicht wirklich bewusst treffen, sondern emotional oder wie der Volksmund sagt: „aus dem Bauch".

Das ist mittlerweile der anerkannte Stand der Wissenschaft. So, und nun können wir uns dagegen wehren und sagen: „Ich kann mir das nicht vorstellen, ICH entscheide immer rational, analytisch, bewusst und mit dem Großhirn, also tun das auch meine Kunden!" Oder wenn wir denn schon wissen, dass wir Bauchentscheidungen vorziehen, dann können wir dieses Wissen auch nutzen. Aber nicht gegen die Kunden, denn das bringt nur ein paar Aufträge und keine Stammkunden, sondern ehrlich und zum Wohle der Kunden.

„Ja Herr Dostal, das klingt ja alles sehr schön, aber ich verkaufe ja keine Autos und Möbel schon gar nicht, ich bin auch kein Handwerker, der irgendwelche Materialien zum Angreifen mitnehmen kann, ich habe eine Beratungsdienstleistung zu verkaufen, da geht das doch gar nicht!"

Falsch!!! Zugegeben, Handwerker die zum Beispiel Leistungen aus Holz verkaufen, haben natürlich ein Geschenk des Himmels in ihren Händen, denn kein mir bekanntes Material erzeugt beim Kunden so viel Emotionen wie Holz (vielleicht noch frisches Brot). Aber erstens wissen von denen anscheinend über 90 Prozent nichts davon, zweitens wenden es von den restlichen 10 Prozent 95 Prozent nicht an und drittens können wir in allen Bereichen mehr mit Emotionen verkaufen. Trotzdem handeln aber immer noch zu viele von uns nach der bekannten NFS - Erkenntnis „Fachidiot schlägt Kunden tot!" Und zwar mit Worten, vielen, vielen Worten.

Visualisieren, visualisieren, visualisieren!!!

Beginnen wir am besten wieder mit unserem Leistungsbild, das wir schon von weiter oben kennen. Haben wir es in der Vorstufe versendet, so haben wir jetzt die Chance es zu erklären. Anhand des Leistungsbildes die Kunden Stufe für Stufen durch unser Unternehmen zu führen und ihnen verständlich zu machen, wie das ist, wenn sie mit uns ins Geschäft kommen. Dass wir sie auch nach dem erfolgreichen Abschluss des Auftrages nicht im Stich lassen und dass es unser erklärtes Ziel ist, sie zu Stammkunden zu gewinnen.

Wir visualisieren mit Skizze, Plan, Fotos, CAD, 3-D-Planung, Modellen, virtuellen Spaziergängen durch ihr neues Haus (Bad, Wohnung etc.), Luftbilder und wenn wir keine Handwerker sind dann setzen wir Wirtschaftlichkeitsberechnungen, Referenzobjekte und -projekte, Fallbeispiele, Broschüren, Beratungsmappen (mit Vorher-, Nacher-Bildern), Organigramme, Mitarbeiterbilder usw. ein.

Klar, wie das die anderen Berufe besser machen können fällt uns immer schneller ein als bei uns selbst. Ich sage immer, dass ich daraus einen Beruf gemacht habe. Und ich kenne auch wenige Branchen, die ihre Kunden so totquatschen und so wenig visualisieren wie die ganzen Beratungsberufe, wohlgemerkt: bei der Auftragsakquise!

Aber wenn es schon so schwer fällt bei der eigenen Leistung kreativ zu sein, warum schauen wir uns dann nicht wenigstens mal um, wie machen es denn die anderen? Ein wichtiger Teil meiner Dienstleistung ist zum Beispiel der so genannte Wissenstransfer. Womit der Kaminbauer Erfolg hat, das kann beim Fußbodenspezialist auch funktionieren, und womit der Steuerberater erfolgreich seine Kunden abholt, das kann sehr oft der Architekt ebenfalls gebrauchen.

Wie bei der Visualisierung der Kundenwünsche, so verwenden wir auch bei der Leistungsdarstellung das oben beschriebene „pencil-selling". Mit wenige Skizzen Prozesse visualisieren und bildhaft klar machen, worum es geht.

Fassen wir zusammen: Je weniger die Leistung von Natur aus bildhaft ist, desto stärker unterscheiden wir uns von Mitbewerbern, wenn wir es schaffen zu visualisieren, was wir den Kunden bieten und wie wir es bei ihnen umsetzen werden. „Zeigen Sie, was Sie zu sagen (bieten) haben!"

Aber auch alle anderen Anbieter arbeiten mit mehr Bildern. Die wirkungsvollsten Bilder sind Vorher- Nachher-Bilder.

Phase 4
Den Kauf vorher erleben lassen

Kennen sie lieber Leser/liebe Leserin das, den Kauf vorher erleben dürfen? Sich so fühlen, als hätte man schon gekauft, als wäre man schon stolzer Besitzer? Woher kennen wir alle das schon seit Jahrzehnten? Richtig, von der Probefahrt. Gibt es für ihr Produkt, ihre Dienstleistung auch schon eine Probefahrt?

Ich erinnere mich noch gut als der Begriff des Probewohnens aufkam. Damit ist nicht alleine das Musterhaus gemeint, nein, es ging viel mehr darum, dass potentielle Kunden eine gewisse Zeit lang in einer Atmosphäre leben durften, die der ihres zukünftigen Hauses entspricht. Da gab es Handwerker, die haben uns für komplett bekloppt erklärt: „Das geht doch gar nicht und wenn doch wäre es viel zu teuer, wer soll das denn bezahlen, da macht doch kein vernünftiger Kunde mit!"

Und heute? Es gibt ganze Gruppen von Holzhausanbietern, die zum Nutzen der Kunden und mit großem Erfolg das „Probewohnen" anbieten. Die Konzepte, wie das geschieht, sind sehr unterschiedlich. Da gibt es im Bayerischen einen Betrieb, die haben sich ganz gezielt einen Gasthof gesucht, der noch Ausbaupotenzial im Dachgeschoss hatte. Dem hat der Zimmerer folgendes Konzept vorgeschlagen: Er baut ihm sein Dachgeschoss zu einem reellen, aber ermäßigten Preis aus, dafür darf er in Zukunft seine potentiellen Kunden zum Übernachten kostenlos zum Wirt schicken. Damit eine Win-Win-Situation entsteht, also beide einen Gewinn daraus ziehen, hat er folgendes Konzept für den Wirt entwickelt: Ein Raum des Dachgeschosses wird sehr großzügig als Hochzeitszimmer mit kompletter Holzverkleidung, mit Hochzeitsbett und Whirlpool ausgebaut. Jetzt kann der Wirt, der schon einen Saal hatte, sich auf die Ausrichtung von Hochzeiten spezialisieren und der Zimmerer hat ein tolles Referenzbeispiel für einen gehobenen Holzausbau.

In Zukunft hat der Zimmerer dann Gutscheine für eine kostenlose Übernachtung in diesem Zimmer an alle seine Interessenten ab der Stufe KI verschenkt. Er hat ihnen Bilder von dieser wunderschönen Holzausbauatmosphäre zeigen können und sie hätten am Wochenende einmal kostenlos in diesem Traumzimmer übernachten können. Hätten? Wieso eigentlich hätten, haben die das denn nicht gemacht? Stimmt, von zwanzig Kundenpaaren, denen er das angeboten hat, hat nur maximal eines dieses Angebot wahrgenommen.

Aha, dann war also alles umsonst? Falsch! Seither hat sich seine Abschlussquote dramatisch verbessert, denn alleine die Möglichkeit, dass sie das Angebot hätten annehmen *können*, schafft – im Vorfeld der Kundenentscheidung – so viel Vertrauen bei den Interessenten, das die Preisverhandlungen sich heute auf einem ganz anderen Niveau abspielen wie ohne dieses Angebot.

„Ach so, ist schon klar, das gilt natürlich wieder nur für Handwerker!" Auch falsch. Es gibt auch unzählige Beispiele aus anderen Branchen, denken wir nur an das Probeabonnement, das Schnupperwochenende, das Probetraining, all die vielen Testangebote, die wir täglich offeriert bekommen. All das entspringt nur einer einzigen Erkenntnis: Der Mensch möchte Sicherheit im Vorfeld der Auftragsvergabe, dass das, was er nachher bezahlen soll, auch wirklich mit seinem Bild von unserer Leistung übereinstimmt.

Ein ganztägiges Probeseminar

Als ich vor wenigen Monaten das „Probeseminar" für das NFS installiert habe, da bin ich von Kollegen teilweise harsch angegangen worden. Ein kostenloses Ganztagesseminar? Das ist doch Preisdumping! Einer hielt es sogar für einen bösen Scherz und glaubte, ich wolle die Kollegen damit ärgern.

Nur unsere Kunden, die wir vor dieser Entscheidung ja befragt hatten, die haben es sofort verstanden. Und alle Ängste der Kollegen, dass wir die falsche Zielgruppe damit anlocken, dass „Was nichts kostet, auch nichts wert ist", dass ich jetzt ausgenutzt würde und so weiter, all diese hausgemachten Vorurteile und Ängste haben sich nicht bewahrheitet.

Jeden ersten Freitag im Monat kann man jetzt einen ganzen Tag lang bei uns in das so genannte „Starttraining" kommen und bekommt dort das gesamte NFS vorgestellt. Ehrlich und ohne Tricks. Erst danach entscheiden unsere Kunden, ob sie es für sich anwenden wollen und mit meiner Hilfe umsetzen wollen. Und dafür sind sie dann auch bereit, eine angemessene Beratungs-Gebühr zu bezahlen.

Achtung Testkauf!

Nun gibt es tatsächlich Kunden, für die ist dieses Thema so wichtig, dass sie den Spieß ganz einfach herumdrehen und von sich aus einen Probekauf machen.

Wie, das kennen sie nicht? Dann nehmen sie sich einfach einmal ein paar Stunden Zeit und stellen sich doch einmal am Wochenende auf den nächsten Wochenmarkt und beobachten dort die Strategien der Kunden. Oder ich gebe jetzt einmal das Beispiel weiter, das mir ein junger Garten- und Landschaftsbauer erzählt hat: Er ist der Junior einer alteingesessenen Firma im Rhein-Main-Gebiet und er sitzt an einem sonnigen, spätsommerlichen Freitag am frühen Abend alleine im Büro und brütet über einer Büroarbeit. Da klingelt das Telefon, er denkt zuerst: „Lasst mir die Ruhe, es ist eh schon Wochenende!" Aber das Telefon hört nicht auf zu klingeln, er hatte vergessen den Anrufbeantworter einzuschalten und so geht er dann doch dran.

Am anderen Ende erklingt die Stimme einer aufgeregten älteren Dame, die ihm erzählt, er müsse unbedingt heute noch vorbeikommen und ihr helfen, sonst wird sie noch verrückt. Es ist heute so windig und die Zweige der Birke vor dem Haus, die machen immer auf dem Dach: „sch-sch, sch-sch". Er denkt zuerst, dass das alles doch nicht wahr sein kann, bis die Birke so groß geworden ist, dass sie auf dem Dach Geräusche erzeugen kann sind Jahre vergangen und ausgerechnet heute, am Freitagabend soll er seinen wohlverdienten Feierabend opfern und der alten Dame die Birke stutzen?

Was ihm zu allererst durch den Kopf ging, lasse ich jetzt mal aus Höflichkeit der Kundin gegenüber hier weg. Andererseits hatte er gerade zwei Wochen vorher im NFS-Seminar gehört, dass man nicht an den Auftrag, sondern an den Kunden denken soll und bei rechtem Licht betrachtet bot diese „Kundenanfrage" ja auch noch die berechtigte Möglichkeit, sich von der unbeliebten Büroarbeit für heute zu verabschieden. Also hat er zugesagt, sich die Sache einmal anzuschauen.

Leiter, Astschere und Motorsäge waren schnell auf den Pritschenwagen gepackt und er ist hingefahren. Die Sch-sch-Äste waren schnell entfernt und als die Kundin nach dem Preis fragte, hat er gesagt, so etwas sei bei ihnen Service. „Na ja" kam es da von der Kundenseite „eigentlich habe ich schon lange darüber nachgedacht, die mittlerweile zu groß gewordene Birke entfernen zu lassen. Die macht auch im Hebst immer so viel Schmutz!"

Jetzt hat es bei ihm geklingelt und er hat sofort an die 3-Vorschlags-Methode gedacht. Sollte er nicht bei Kleinaufträgen zuerst einmal üben? Dann hat er sofort gefragt, was kommt denn dann da hin, wenn die Birke weg ist. Darüber hatte sich die Kundin noch keine Gedanken gemacht.

Also hat er ihr in der Woche darauf drei Vorschläge gemacht, einmal nur Baum absägen, dann mit Wurzel herausfräsen und zum dritten zusätzlich mit Neuanlegen des Vorgartens. Dass die Kundin den Vorschlag drei gewählt hat und dabei durchaus ein Auftrag herausgekommen ist, für den man auch einmal freitags spätnachmittags noch zum Kunden fährt, würde dieses Beispiel nicht dazu prädestinieren, in diesem Buch so ausführlich erzählt zu werden. Die Kundin, eine allein stehende Dame, wollte schon seit längerer Zeit ihren 320 Quadratmeter großen Garten neu anlegen lassen und als Pflegeauftrag vergeben, damit sie für den Rest ihres Lebens nicht mehr so viel Arbeit damit hat und dabei ist dann eine fünfstellige Eurosumme herausgekommen und eine zufriedene Stamm- und Empfehler-Kundin.

Verstehen Sie jetzt liebe Leserin/lieber Leser, was mit einem Probeauftrag gemeint ist? Solche Beispiele habe ich aus sehr vielen Bereichen zuhauf in meiner Sammlung, die kommen bestimmt täglich vor.

Die Frage ist nur, ob *wir* bereit gewesen wären wegen so ein paar blöden Sch-sch-Ästen uns am Freitagnachmittag stören zu lassen und vor allen Dingen, ob wir dann auch noch gefragt hätten, was später da hin soll, wenn die Birke fehlt, und dann daraus drei Vorschläge gemacht hätten?

Auch wir erleben ständig Probeaufträge. Wenn wir die Zahl der Mitarbeiter, Franchisenehmer, Freunde und so weiter, die jedes Jahr in unsere Starttraining Seminare „geschickt werden" zusammenzählen, dann sind das gut und gerne knapp 20% unserer Teilnehmer. Auch im Beratungsbereich werden immer wieder kleine Teilaufträge vorgeschoben, bevor wir dann an die Gesamtkonzeption heran dürfen. Das ist nichts anderes als abgeholter Vertrauensaufbau von Seiten der Kunden.

Erlebniswelten gibt es auch im Kleinen

Zu dem Thema „Kauf vorher erleben lassen" zählt aber auch alles, was unsere Sinne positiv anspricht. Das gesamte Thema „Muster" fällt darunter. Alles, was wir fühlen, betasten, riechen oder schmecken können, gehört zum Thema Erlebniswelten.

Jede Art Atmosphäre, die wir in der Lage sind zu schaffen. Alles was wir begreifen (mit den Händen) dürfen, das begreifen (mit dem Unterbewusstsein) wir auch besser. Jede Art „Interaktion" bezieht uns in das Geschehen besser mit ein. Haben sie schon einmal Messestände gesehen, an denen die Besucher selbst etwas machen können? Da bilden sich Trauben von Menschen und am Nachbarstand ist nichts los.

Warum quälen wir unsere Kunden immer mit tausenden und abertausenden von Wörtern. Nach Möglichkeit auch noch mit Fachbegriffen aller Art? Da fragt sich der leidgeprüfte Kunde doch am Ende jeder Leistungspräsentation: „Jetzt hab ich wieder einmal nur Bahnhof verstanden und nachher soll ich auch noch eine Menge Geld dafür bezahlen!?!"

Es stimmt schon, wer Muster und Materialien hat, die er den Kunden bei der Beratung in die Hand geben kann, der hat gewisse natürliche Vorteile, weil wir Menschen unbewusst auf solche „limbischen Signale" reagieren. Aber die Anderen sind auch nicht hilflos ausgeliefert. Wirtschaftlichkeitsberechnungen, Zukunftsszenarien, Fallbeispiele, Pläne aller Art vermitteln den Kunden Bilder und geben ihnen somit wieder ein bisschen mehr Sicherheit für ihre Entscheidungen.

Und warum nicht einmal den Kunden die gewünschte Leistung selbst entwickeln lassen? Können wir uns denn nicht vorstellen,

Probleme der Kunden mit uns
Warum strapazieren wir unsere Zuhörer?

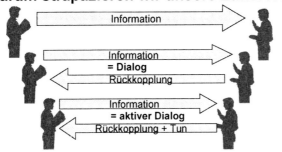

© Copyright 2004*DIALOG-PARTNER-ANTON-DOSTAL*D-65817 Eppstein

wie das ist, wenn uns ein Kundenberater eine bestimmte Leistung ganz konkret als Puzzle zusammensetzen lässt? Da hat man dann sofort „begriffen", was gemeint ist.

Wie schon oben gesagt, wir möchten als Kunden mit unseren Wünschen und Erwartungen ernst genommen werden, wollen, dass wir auch genau das bekommen, was wir uns vorgestellt haben und wenn wir das Gegenteil erleben, dann sind wir verunsichert und ziehen uns auf das zurück, wo wir die Machtposition innehaben und das ist? Der Preis! Gut, gut, ich wiederhole mich, aber wir müssen eben erkennen, wer wirklich Schuld daran ist, wenn die Kunden dauernd mit dem Portemonnaie drohen.

Ich weiß, viele Kunden haben das schon jahrelang geübt und sind nur schwer davon abzubringen. Dann kann es unsere – selbst gewählte - Aufgabe sein, sie mit einer sehr persönlichen und auf echten Gefühlen aufbauenden Präsentation unserer Leistungen wieder davon abzubringen. Und glauben Sie mir, liebe Leserin/lieber Leser, es ist eine wirklich und wahrhaftig lohnende Aufgabe. Wir brauchen nur ein bisschen Übung darin.

Ein weiterer Schritt zur Visualisierung unserer Leistungsfähigkeit, aber auch zum Vertrauensaufbau kann eine Betriebsbesichtigung sein. Ich denke es versteht sich von selbst, dass der Betrieb dann auch „Vertrauens erweckend" aussehen muss.

Es gibt einen großen Garten- und Landschaftsbaubetrieb, die veranstalten zweimal im Jahr einen großen „Tag der offenen Tür". Das ist schon ein großer Kraftaufwand. Aber der Chef erzählt gerne, dass er zwei große Vorteile davon hat, von denen der erste erfreulich ist, der zweite aber nach seinen Worten unbezahlbar. Erstens ist das natürlich eine wichtige Werbemaßnahme und da man das schon seit Jahren macht ist diese Veranstaltung im ganzen Kreis bei den Kunden und der Presse schon so bekannt, dass es auffallen würde, wenn sie einmal aussetzen würden.

Und der zweite Vorteil? Na ja, seit seine Leute wissen, dass sie sowieso zweimal im Jahr alles „fein" machen müssen für die Scharen von Kunden, die mittlerweile kommen, da wird ganz von alleine Ordnung gehalten, ganz ohne dass es eindringlicher Appelle von Seiten der Geschäftsleitung bedarf....

Fassen wir zusammen: Den Kauf vorher erleben lassen bedeutet „Erlebniswelten" für die Kunden schaffen. Alles, was die Kunden positiv stimmt, jede Art von Muster und interaktiver Leistungspräsentation (der Kunde darf auch selbst etwas machen) bezieht unsere Kunden in den Entscheidungsprozeß mit ein, schafft Atmosphäre und wirkt im positiven Sinne auf das Unterbewusstsein unserer Kunden ein, erleichtert ihnen die Entscheidung und trägt dazu bei, dass sie verstehen, wie sich die Leistung zusammensetzt und warum wir dafür auch einen ehrlich kalkulierten Preis erheben müssen (dürfen).

Phase 5
Der positive Abschluss mit langfristiger Wirkung

Positiver Abschluss ist schon klar: Der Kunde unterschreibt die Auftragsbestätigung. Aber was ist denn das nun schon wieder „mit langfristiger Wirkung"? Vielleicht, dass der Kunde nachher auch pünktlich zahlt? Nun, denken wir doch einfach einmal an das eingangs gesagte: „Unser zukünftiges Unternehmensziel ist nicht mehr Aufträge zu bekommen, wir wollen Kunden gewinnen und zwar möglichst Stammkunden!" Dann ist also der Auftrag nur der erste Schritt zu einer möglichst langfristigen Kundenbeziehung. Und zwar immer wieder. Jeder Auftrag wieder aufs Neue.

Wenn wir es aber geschafft haben, den Kunden zu einer Sache zu überreden, die er eigentlich nicht richtig gewollt hat, zumindest nicht so, wie er sie jetzt bekommt. Wo soll denn da die „langfristige Wirkung" her kommen? Wie soll denn da eine dauerhafte Stammkundenbeziehung aufkommen? Und dann gibt es ja noch eine zweite Komponente, die vielleicht noch viel wichtiger ist, das ist die Empfehlung.

Noch mal, sozusagen zur Vertiefung: Zufriedene Kunden empfehlen. Und wie wir schon festgestellt haben, unzufriedene auch und zwar mehr als doppelt so häufig wie die zufriedenen. Wir müssen uns aber schon darüber Gedanken machen, ob wir diese Art der Empfehlung haben wollen oder nicht. Wenn also unser „Superverkäufer" mit seiner „Superverkaufsmethode" erzählt, dass er so gewieft ist, dass er jeden Kunden „rumkriegt", dass er jeden Auftrag bekommt, dann fragen Sie ihn doch einmal, wie oft der wohl sein Verkaufsgebiet wechseln muss bei der „verbrannten Erde", die er zwangsläufig hinterlässt.

Da haben die Kunden eben unterschrieben, die Tür ist noch nicht richtig hinter dem Verkäufer ins Schloss gefallen und schon stellt sich das ein, was wir oben im Buch schon mal „Kaufreue" genannt haben. „Haben wir uns richtig entschieden, haben wir nicht doch zu teuer gekauft, bekommen wir auch wirklich das, was *wir* uns vorstellen?" Und dann kommt zu allem Unglück auch noch der Nachbar daher, will sich wichtig machen und erzählt: „Ja, wenn ihr mich gefragt hättet, ich kenn einen, da bekommt ihr alles viel billiger!"

Was aber, wenn sich unsere Kunden in so einem Fall entspannt zurücklehnen, den Besserwisser angrinsen und sagen: „Das wissen wir, wir hätten ja billiger kaufen können, das *wollten* wir aber nicht!" Wie, so etwas geht? Eigentlich ganz einfach: Wir verkaufen nichts, wir lassen unsere Kunden kaufen.

Wir betätigen uns als Kaufberater der Kunden, in dem wir ihnen mehrere Vorschläge zur Auswahl vorlegen und ihnen ganz persönlich und ehrlich bei der Auswahl helfen. Und damit kommen wir schon zum nächsten Thema, dem Kalkulieren der „3-Vorschläge-Methode".

Der Weg zur Kundenbegeisterung
Strategie

Werden Sie zum Kaufberater Ihres Kunden

Sog-Verkaufen = wir lassen den Kunden kaufen

© Copyright 2004*DIALOG-PARTNER-ANTON-DOSTAL*D-65817 Eppstein

Drei Vorschläge zur Auswahl

Dem Kunden mehrere Vorschläge zum Auswählen vorzulegen ist eine ganz andere Welt als ihm ein Angebot zu machen. Ein Angebot vorzulegen bezeichnete ich schon weiter vorne in diesem Buch als die „Vogel-friss-oder-stirb-Methode". Entweder wir entscheiden uns als Kunde so, wie es uns durch das Angebot vorgegeben wird, oder wir „dürfen" nicht kaufen. Nur, wer von uns will denn eigentlich so behandelt werden?

Als erstes müssen wir in unserem eigenen Kopf das Wort „Angebot" zuordnen. Ein Angebot setzt quasi zwangsläufig immer unterbewusst den Begriff „Gegenangebot" frei. Wir Menschen wollen vergleichen können, das ist in unseren Gehirnen so eingebaut. Wenn wir nicht vergleichen können, fühlen wir uns unwohl.

Vor vielen Jahren als ich erst anfing das Nachfrage-Sog-System zu lernen, da rief mich meine Frau unterwegs an und teilte mir mit, dass unser Geschirrspüler seinen Geist aufgegeben hatte. Sie bat mich doch auf dem Heimweg bei dem Elektriker im Nachbarort vorbeizuschauen und mich um eine neue Geschirrspülmaschine zu kümmern. Also bin ich da hin gefahren und habe mich beraten lassen. Ich bin dann im Ladengeschäft des Elektrikers vom Chef persönlich beraten worden. Er hat mir ungefähr eine halbe Stunde lang alles über die Vorzüge *einer* Spülmaschine erzählt, Wasserverbrauch, Stromverbrauch, Wasserdruck, Spartaste usw. Er hat sich richtig Mühe gegeben, ständig in der Beschreibung nachgelesen und immer wieder betont, dass der Preis inklusive Anlieferung, Aufstellung und Anschluss der Maschine sei. Also etwas, was ich als Kunde sowieso vorausgesetzt hätte. Zudem war das natürlich das allerneueste Modell.

Ich bin heute noch davon überzeugt, dass seine Beratung „fachlich korrekt" war und ich hätte nach dem Verkaufsgespräch locker eine Spülmaschine diesen Typs beschreiben, ja sogar verkaufen können, so viel Fachinformationen habe ich bekommen.

Nur, gekauft habe ich nicht. Ich war nach dem Gespräch eher verunsichert, hatte so ein ungutes Gefühl im Bauch. War das nun so eine ähnliche Maschine wie wir sie vorher hatten? Würde meine Frau mit meiner Entscheidung einverstanden sein? Immerhin war sie diejenige, die am meisten damit umgehen musste. Also habe ich gesagt, dass ich das noch einmal mit meiner Frau besprechen müsste und bin unverrichteter Dinge abgezogen. Der Meister war etwas enttäuscht, hat mich aber ohne großartig nachzufragen ziehen lassen und obwohl ich ihm bekannt war und er meine Telefonnummer kannte niemals mehr nachgefragt.

Als ich zuhause ankam, haben wir beschlossen am Wochenende auf eine Gewerbeausstellung, die zufälligerweise stattfand, in die Kreisstadt zu gehen und uns dort umzuschauen (auswählen dürfen!). An dem Stand eines anderen Elektrikers wurden wir zuerst einmal gefragt, wie viele Personen unser Haushalt denn hätte, wie oft bei uns die Spülmaschine läuft usw. Dann hat uns der Chef der Firma drei verschiedene Modelle gezeigt von denen eines einen hohen Zusatznutzen hatte, eine Besteckschublade. Das war so ein Ding, welches Hausfrauenaugen glänzen ließ und obwohl es uns rein finanziell damals nicht leicht gefallen ist, haben wir uns für dieses Spitzenmodell entschieden, weil „es uns das wert war", wir den Nutzen erkannt haben und weil wir wählen durften.

Der Bauch entscheidet

Aus den Erkenntnissen der letzten dreißig Jahre Gehirnforschung wissen wir, dass wir Menschen fast immer und fast ausschließlich emotional entscheiden. Die von uns vorgebrachten rationalen Entscheidungsgründe sind so eine Art nachträgliche Rechtfertigung unserer Entscheidungen uns selbst gegenüber.

Aber, und auch diese Erkenntnis ist wichtig, wir brauchen diese Rechtfertigung. Wenn wir diese unserem Gehirn, unserem Unterbewusstsein, unserem Gewissen nicht liefern können, dann fühlen wir uns nicht wohl mit der Entscheidung und oft empfinden wir dann Kaufreue. Das kann ganz einfach vermieden werden, wenn wir uns zwischen mehreren Möglichkeiten entscheiden dürfen.

Egal welche der uns offerierten Alternativen wir auswählen, wir werden „gute Gründe" dafür finden und somit unsere eigene Entscheidung uns selbst gegenüber rechtfertigen können. Aber nicht nur uns selbst gegenüber, sondern auch dem „wohlmeinenden Nachbarn" gegenüber. Nun können wir natürlich die Erkenntnisse der Gehirnforschung der letzten dreißig Jahre vernachlässigen, wie ich oben schon einmal gesagt habe. Oder, wenn wir das schon wissen, dann können wir es auch nutzen.

Warum aber ausgerechnet drei Vorschläge? Zuerst einmal vorab, wir können natürlich auch mehr als drei Vorschläge machen. Machen wir aber zu viele Vorschläge, dann verwirren wir die Kunden meistens und erschweren ihnen oft unnötig die Entscheidung.

Wir machen aber niemals zwei Vorschläge, wenn uns wirklich mal nichts einfällt, dann machen wir lieber doch ein Angebot und erklären das dann eben mit entsprechender Nutzenargumentation. Warum? In unserem Gehirn befindet sich so eine Art Polarität. Man kann dazu sagen das Plus- Minus-Denken. Schwarz – weiß, hell – dunkel, gut – schlecht usw. Oft fehlt uns sogar der Begriff für den Zustand dazwischen. Das gilt für fast alle Bereiche des Lebens und führt bei uns Menschen sehr oft dazu, dass wir einen der beiden Pole als Standpunkt wählen und dann nicht mehr kompromissbereit sind. Steven R, Covey (* 10) beschreibt das sehr ausführlich in seinem Buch. Und er beschreibt auch die Suche nach der dritten Alternative als Ausweg aus diesem Entweder-oder-Denken.

In dem Moment, in dem es uns gelingt, eine sinnvolle dritte Alternative zu erzeugen, ist diese Polarität plötzlich wie aufgelöst und es öffnen sich uns wunderbare Wege der Verständigung und des Verständnisses. Dabei geht es nicht um einen Kompromiss, sondern um eine echte Alternative zu den beiden anderen Möglichkeiten. Wenn wir aber zwei Vorschläge machen, dann ist einer davon immer der schlechtere, wir machen also unbewusst fünfzig Prozent unseres Angebots „schlecht".

Als ich angefangen habe, ist es mir ziemlich schwer gefallen zu meinen Leistungen immer drei Vorschläge zu konzipieren. Deshalb bin ich sehr oft ausgewichen und habe dann doch nur ein Angebot gemacht, obwohl ich immer dann, wenn ich es geschafft hatte drei Vorschläge zu machen die besseren Ergebnisse erzielt habe.

Deshalb habe ich irgendwann angefangen im privaten Bereich zu üben. Wo immer sich die Gelegenheit ergab, habe ich nach der dritten Alternative gesucht. Als Vorstandsmitglied eines Vereins habe ich die ewig langen Vorstandssitzungen gehasst, die entstanden, wenn zwei Standpunkte „ausdiskutiert" werden mussten. Jeder hatte auf seine Weise „recht" und so kann man bis zur totalen Erschöpfung streiten. Ich habe mir angewöhnt, beiden Seiten gut und wirklich zuzuhören, dann einen dritten Vorschlag zu dem Thema zu bringen - keinen Kompromiss - und dann eine Abstimmung herbeizuführen – Ende der Vorstandsitzung.

Das funktioniert mit ein bisschen Übung grundsätzlich immer und in der Mehrzahl der Fälle ist nachher keiner beleidigt, dass sein Standpunkt nicht berücksichtigt wurde. Dabei habe ich im Laufe der Jahre die Erkenntnis gewonnen, das der Dreh bei der Sache das „echte" Zuhören ist.

Ganz genauso ist das bei unseren Kunden. Die Entscheidung für die drei Vorschläge fällt in der Phase zwei der persönlichen Beratung. Nämlich beim Erkennen der wahren Kaufmotive und der wirklichen Wünsche der Kunden. Hier müssen wir schon intensiv daran denken, dass wir nachher drei Vorschläge machen wollen. Nicht nur drei Preise! Dass dabei nachher drei unterschiedliche Preise herauskommen, ergibt sich meistens von selbst, ist aber nicht immer der Kern der Sache. Vielmehr geht es darum, den Kunden eine gewisse Bandbreite der Leistungen zu unterbreiten und zwar kreativ mit Nutzenargumentation.

Wenn wir also schon bei Phase zwei der aktiven Beratung nachlässig waren, uns nicht genügend Mühe gegeben haben den Kunden „wirklich" zuzuhören, dann haben wir nachher ein massives Problem, wenn wir drei Vorschläge machen wollen.

Deshalb wollen wir uns noch einmal ganz kurz anschauen, was wir in Phase zwei machen müssen, damit wir jetzt leicht und kreativ drei Vorschläge hinbekommen. Zuerst, wie gesagt, „aktiv" und wirklich zuhören. Lieber dreimal nachfragen: „Habe ich sie richtig verstanden, sie möchten also .....?", „Wie genau haben Sie sich das denn vorgestellt?" und aufschreiben, aufschreiben, aufschreiben! Es kommt immer wieder vor, dass man erst zuhause, beim erneuten Durchlesen der eigenen Aufzeichnungen erkennt, was der Kunde, sozusagen „zwischen den Zeilen" gesagt hat, ja gemeint hat.

Wenn wir uns dann - im Eventualfall - schämen noch mal telefonisch nachzufragen, dann brauchen wir uns nicht zu wundern, wenn wir nachher Verständigungsschwierigkeiten haben. „Ja, *Sie* haben doch gesagt ...!" und schon ist der Kunde verunsichert, sein Gehirn sagt ihm: „Der versteht dich nicht!" und schwupp zieht er sich auf sein einziges Machtinstrument zurück und wir sprechen schon wieder über den ..., na ja, wir wissen schon.

Herzenswünsche sind Geizbrecher

Zudem ist es auch ganz wichtig in Phase zwei immer wieder daran zu denken: „Du willst nachher drei Vorschläge machen!" Geben wir unserem Gehirn dieses Ziel, wird es von ganz alleine anfangen nach Alternativen zu suchen. Wir loten dann aus, wie weit wir mit der Leistung herunter gehen können, wenn es wirklich um den Preis gehen sollte.

Jedoch wollen wir auch die „Herzenswünsche" unserer Kunden kennenlernen. Denken Sie an die goldenen Wasserhähne. Oft sind im Gehirn des Kunden solche Bilder gespeichert, wir aber als Fachleute wissen genau, dass wir solch einen Kundenwunsch leicht und ohne großen Mehraufwand oder Preisaufschlag erfüllen können, weil die wirklichen Preisunterschiede wo ganz anders liegen.

Hierzu möchte ich gerne ein Beispiel bringen, welches mir einmal ein fränkischer Bauunternehmer erzählt hat. Er hatte Kunden, ein Lehrerehepaar, welche mit ihm ein Haus bauen wollten und vor allem die Dame des Hauses war sehr „preisbewusst" und wollte zu allem und jedem mindestens eine preiswertere Alternative angeboten bekommen. Bis das Thema Haustüre an die Reihe kam. Da hat er einen Katalog vorgelegt, in dem viele verschiedene Haustüren abgebildet waren und die Kunden beraten, welche Türen seiner Meinung nach am besten zu dem von ihnen gewählten Holzhaustyp passen könnten.

Die Kundin aber hat eine blaue Kunststofftüre gewählt, mit Kassettenfenstern drin, die nach seiner Meinung zu dem Haus passte, „dass es die Sau graust", wie er sich ausdrückte. Und rein zufällig war das die teuerste Tür aus dem ganzen Katalog. Die Kundin hat aber, und das war das, was ihn am meisten erstaunte, nicht ein einziges Mal gefragt, was diese Tür kostet und wollte ausnahmsweise auch gar keine Alternative angeboten bekommen.

Was war passiert? Nun, die Leser/innen, die aus Norddeutschland sind, werden es wahrscheinlich schon erraten haben Die Dame war nicht aus Bayern und die Türe hat sie an Ihre Heimat erinnert.

Wir sehen also:
Herzenswünsche sind echte „Geizbrecher".

Wir loten also in Phase zwei aus, wie weit wir mit der Leistung herunter gehen können, um einem Preiswettbewerb standhalten zu können und wir erkunden, wie weit wir nach oben Spiel haben und wie die Herzenswünsche des Kunden aussehen, von denen er oft glaubt, das er sich diese doch nicht leisten kann. Das gilt übrigens im Endkundengeschäft genauso wie im Geschäftskundenbereich, also im so genannten B to B-Geschäft.

Oft wird mir dann von meinen Seminarteilnehmern entgegengehalten, dass sie doch nicht für jeden Kunden drei Angebote rechnen können, weil sie ja sowieso schon mit der ganzen Angebotsrechnerei überlastet sind und jetzt sollen sie auf einmal dreimal so viel Arbeit machen wie vorher, das geht auf keinen Fall!

Stimmt, das geht auch nicht! So funktioniert die Sache ja auch nicht. Wir machen unser Angebot genauso wie wir es bisher immer gemacht haben. Dieses Angebot spiegelt die Bedarfsermittlung mit dem Kunden wieder. Nur nennen wir es jetzt nicht mehr Angebot, sondern Vorschlag 2. Und jetzt werden kreativ und nach den Möglichkeiten der Bedarfs- oder besser Wunschanalyse der Phase 2 aus diesem Vorschlag Leistungen heraus gerechnet, wie zum Beispiel: Andere Materialien, weniger Dienstleistungen, mehr Eigenleistung des Kunden usw. und schon haben wir den Vorschlag 1.

Na ja und dann rechnen wir die Herzenswünsche hinein und haben schon den Vorschlag 3. Diese drei Vorschläge werden auch optisch so dargestellt, dass sie auf den ersten Blick für den Kunden als drei unterschiedliche Leistungen erkennbar sind. Zu Beispiel in Tabellenform: Vorschlag 1 = drei Leistungen, Vorschlag 2 = fünf Leistungen und Vorschlag 3 = acht Leistungen. Oder aber als Nutzwert- oder Kostenanalyse.

Eine der schönsten und kundengerechtesten grafischen Darstellungen finden wir auf der Homepage des Franchisehandbuchspezialisten Hans Vogel (www.franchishandbuch.de).

Das Nachfrage-Sog-System
Die Marketing-Tools

Persönlich beraten und gemeinsam kalkulieren

Vorschlag 1	Vorschlag 2 ↓ Angebot	Vorschlag 3
1.	1.	1. ....
2.	2.	2. ....
3.	3.	3. ....
	4.	4. ....
	5.	5. ....
		6. ....
		7. ....
Gesamtbetrag	Gesamtbetrag	Gesamtbetrag ......

Gut sichtbar alle 3 Vorschläge im Vergleich gegenüberstellen

© Copyright 2004*DIALOG-PARTNER-ANTON-DOSTAL*D-65817 Eppstein

Da sieht der Kunde sofort, wofür er bezahlt, viel Eigenleistung = geringer Preis und wenig Eigenleistung = wertgerechter Preis. Jetzt kann der Kunde sich entscheiden, ganz neutral und wunschgerecht. Mancher ist erst im Aufbau eines Franchisesystems und hat viel Zeit, um sich selbst Gedanken und die Arbeit zu machen mit Hilfe der angebotenen CD sein Franchisehandbuch zu entwickeln, andere wollen schnell zum Erfolg kommen und nehmen die Beratungsleistungen von Hans Vogel in Anspruch. Somit entspricht die 3-Vorschlags-Methode auch noch ganz selbstverständlich dem Gedanken der „Engpass Konzentrierten Strategie" (EKS) nach Prof. Mewes, da sie genau auf den vom Kunden am dringendsten *empfundenen* Engpass zielt.

Wir können also erkennen, mit dieser Methode verkaufen wir nichts mehr, wir werden zum Kaufberater unserer Kunden, wir lassen unsere Kunden kaufen.

Durch Befragung von vielen Nachfrag-Sog-System-Anwendern haben wir herausbekommen, wie Kunden sich heute entscheiden: ca. 7 Prozent entscheiden sich für Vorschlag 1, ca. 55 Prozent entscheiden sich für Vorschlag 2 und ca. 38 Prozent für Vorschlag 3. Das sind natürlich Durchschnittswerte, zielgruppenbezogen können da etwas andere Werte herauskommen.

Ja, da haben selbst wir gestaunt, dass sich so viele für den dritten, also den „teuersten" Vorschlag entscheiden. Aber, wenn da die Herzenswünsche wirklich drin sind? Oft kommt es auch dazu, dass die Kunden bei der Angebotspräsentation anfangen zu „mischen": „Also, wenn ich den Vorschlag 2 wähle, kann ich dann aus dem Vorschlag 3 die und die Leistung auch haben?"

Jetzt müssen wir aufpassen, denn dieser Kunde hat innerlich schon gekauft, sein Unterbewusstsein hat sich schon mit unserer Leistung verbunden, hat schon gewählt. Er möchte aber den einen oder anderen „Wunsch" erfüllt haben. Wenn wir jetzt umständlich anfangen zu argumentieren und wieder alle möglichen Verkaufsargumente aus der Tasche ziehen und mit großem fachlichem Knowhow nachlegen wollen, machen wir in der Regel aller Fälle alles kaputt. Wir reißen den Kunden sozusagen aus seiner Kaufentscheidung heraus und sein Bewusstsein sagt ihm, dass er doch noch einmal prüfen soll, ob seine Kaufentscheidung wirklich rational begründet ist. Dann dürfen wir noch mal ganz von vorne anfangen. Das ist zwar wissenschaftlich begründet, ist aber auch uraltes Verkäuferwissen, wie man so schön sagt, ein Erfahrungsschatz.

Jetzt heißt es ruhig bleiben, kurz und knapp sagen, was Sache ist und so schnell wie möglich zum Abschluss kommen. Entweder geht's, dann nicht lange drum herum reden, dem Kunden für seinen guten Geschmack und/oder sein Verhandlungsgeschick gratulieren und abschließen.

Oder es geht nicht, dann auch nicht lange herumdrucksen, klipp und klar sagen, wie viel es mehr kostet und warum und den Kunden aktiv bei der Entscheidung helfen, in dem man nach dem von ihm mit unserer Leistung verbundenen Nutzen fragt. Nicht drängen, lassen Sie das die Kunden entscheiden!

Sehr wichtig ist auch immer die „äußere Form" des Angebotes mit drei Vorschlägen. Wenn ich manche lieblos dargebotenen Computerausdrucke sehe, die schon von 10 Meilen als „das habe ich so gemacht, wie ich es immer mache" erkennbar sind, dann wundert mich eigentlich gar nichts mehr. Individuell, personalisiert, möglichst bildhaft – und das ist durchaus wörtlich gemeint. Drei Blätter, die man neben einander legen kann, übersichtlich, eventuell in Tabellenform, wenn es geht mit Nutzwertanalyse (siehe Beispiel Hans Vogel) und dann geben wir den drei Vorschlägen auch noch Namen wie „einfach", „normal" und „wertvoll" oder „Tip", „Top" und „VIP" oder „minimal", „normal" und „optimal". Ganz kreativ und zielgruppengerecht.

Hierzu ein Beispiel aus der Praxis. Unser schwäbischer Malermeister, der sich ja auf die Nacharbeit von verpfuschten Aufträgen spezialisiert hat, bekommt über Empfehlung eines Tages eine Anfrage von dem Architekten einer großen Wohnbau-Gesellschaft. Er macht seinen Wunschanalyse und daraus ein Angebot mit drei Vorschlägen, welche er beim Architekten einreicht. Dieser ist zuerst erstaunt darüber, dass er jetzt auf einmal drei Vorschläge bekommt, aber dann hat er eine „Superidee", er bittet unseren Malermeister sein Dreifachangebot so zu formulieren, dass er – der Architekt – für seinen Kunden, die Wohnbaugesellschaft, daraus eine Ausschreibung machen kann.

Wir alle können uns jetzt die Enttäuschung unseres wackeren Malermeisters vorstellen. Er hat bei mir angerufen und gesagt, dass bis heute das mit den drei Vorschlägen bei ihm prima geklappt hätte, nur jetzt hätte er auch 'mal ein „Negativbeispiel" für mich.

Ich habe ihn zuerst einmal beruhigt und gebeten, mir die drei Vorschläge zuzusenden. Dann haben wir noch ein bisschen Kosmetik betrieben und vor allem haben wir über *seine* Vorschläge darüber geschrieben: V1 = Minimallösung, V2 = Standardlösung, V3 = Optimallösung.

Es kam zur Ausschreibung und wie ich es mir gedacht habe, hat nicht ein einziger der Mitbewerber kapiert, was da los war. Nicht einmal einer hat wirklich drei Vorschläge abgegeben. Einer hatte wenigstens „Alternativpreise" im Angebot, aber das ist für das Gehirn des Betrachters nicht dasselbe.

Also hat der Architekt ihm den Zuschlag gegeben, aber mit der Minimallösung, also Vorschlag Nummer 1. Wenige Tage vor Auftragsbeginn ruft der Architekt an, ist etwas kleinlaut und „verschnupft" am Telefon und sagt, er habe von dem Vorstand der Wohnbaugesellschaft gesagt bekommen, dass für sie eine Minimallösung nicht in Frage käme, sie wollten zumindest eine *Standard*lösung für ihre Gebäude haben.

Wir sehen hieraus, dass eben wirklich nicht das Gehirn, sondern der Bauch entscheidet. Ich glaube nicht, dass die Herren und Damen des Vorstands sich die Arbeit gemacht haben, das 27-seitige Angebot detailliert durchzugehen. Der werthaltige Begriff hat in diesem Fall die Entscheidung gebracht.

Wenn es wirklich einmal eine Preiskampfsituation erfordert, dann scheuen wir uns auch nicht „billig", „standard" und „werthaltig" darüber zu schreiben. Warum? Alle, die jetzt unter unserem Vorschlag 1 liegen, sind dann natürlich noch „billiger" und, mal ehrlich wer von uns möchte schon wirklich „billig", das bedeutet ohne Wert, einkaufen? Und wenn sich ein Kunde wirklich dafür entscheidet, müssen wir uns allen Ernstes fragen, ob wir den als Stammkunden wirklich gebrauchen können. Denn - Achtung - der hat jetzt etwas gelernt und will von uns in Zukunft immer billig. Deshalb ist dieser Begriff mit äußerster Vorsicht zu gebrauchen.

Eine Vorgehensweise hat sich bei der 3-Vorschlags-Methode als sehr erfolgreich herausgestellt, nämlich, dass zwischen dem ersten und dem zweiten Vorschlag ein geringerer Abstand sein soll als zwischen dem zweiten und dem dritten. Warum? Na, ganz einfach, in dem dritten Vorschlag sind doch die Herzenswünsche drin.

Außerdem müssen die Preise auch „echte" Unterschiede darstellen. Also 16.232,96 und 16.235,75 sind eigentlich für den Kunden kein Unterschied, da muss schon „Butter bei die Fische", wie man in Norddeutschland sagt. Der Preisunterschied muss also immer in einer vernünftigen und nachvollziehbaren Relation zum Gesamtwert stehen und aus „Kundensicht" einen echten Unterschied darstellen.

Fassen wir zusammen: die 3-Vorschlags-Metode ist eines der erfolgreichsten Werkzeuge des Nachfrage-Sog-Systems. Viele Betriebe haben das als allererstes umgesetzt und mit den daraus entstandenen Mehrgewinnen danach den Aufbau ihres gesamten Marketingsystems finanziert.

Drei Vorschläge zu machen ist „gehirngerecht", weil sich der Kunde selbst entscheiden kann. Die Bandbreite der drei Vorschläge erarbeiten wir immer schon in Phase 2 der aktiven Beratung, nämlich beim richtigen Erkennen des Kundenbedarfs und der Herzenswünsche der Kunden.

Wir arbeiten auch hier wieder so bildhaft wie irgend möglich und zeigen den Kunden. „Das habe ich für Dich gemacht, weil ich

Deine Wünsche und Deinen Bedarf wirklich ernst nehme." Und natürlich zeigen wir auch immer den Nutzen auf, denn Preise ohne Leistungs- und Nutzengegenüberstellung sagen nichts aus.

Und noch einmal den Tipp zum Abschluss dieses Kapitels: wenn es uns egal ist, ob wir diesen Auftrag bekommen oder nicht, dann dürfen wir die drei Vorschläge auch mit der Post zusenden und den Kunden damit alleine fertig werden lassen. Wenn wir aber einen neuen Kunden gewinnen wollen für eine langfristige Kundenbeziehung, dann müssen wir uns schon die Zeit nehmen und dem Kunden bei der Entscheidung vor Ort und ganz persönlich zu helfen.

Denn eines ist klar, wenn Sie lieber Leser / liebe Leserin ab heute immer drei Vorschläge anstatt eines Angebotes machen, dann haben Sie ein echtes Alleinstellungsmerkmal auf Ihrem ganz persönlichen Markt und damit umzugehen müssen oft auch Ihre Kunden ein bisschen üben. Also helfen wir ihnen dabei, denn wir sind ja ab heute Kaufberater und keine Verkäufer mehr.

Kapitel 5

Der Weg zum Stammkunden

In diesem Kapitel betrachten wir uns die Vorgehensweise, wie wir Erstkunden zu Stammkunden machen wollen.

Hat der Kunde bei uns das erste Mal gekauft, so ist er nicht etwa Kunde geworden, nein er ist „Erstkunde". Ich persönlich halte dieses Wort für eine der wichtigsten Erkenntnisse des ganzen Nachfrage-Sog-Systems. Wenn ich in Betrieben Mitarbeiterschulung mache, dann lege ich allergrößten Wert darauf, dass dieser Begriff mit all seinen Kon-sequenzen auch richtig verstanden wird.

Was bedeutet denn das Wort Erst-Kunde? Nun, zunächst bedeutet das Wort Erst-, dass da irgendetwas nachkommt, das setzt in unseren Gehirnen den Wunsch frei zu erfahren, was dann zweit, dritt oder ähnliches ist. Wenn das also ein Erst-Kunde ist, dann sollte da eigentlich noch irgendetwas hinterherkommen. Genau, er soll Stammkunde werden.

Das muss natürlich schon *allen* im Unternehmen klar sein. Wenn dieser Begriff wirklich verstanden und verinnerlicht wurde, dann ergeben sich daraus viele Dinge, viele Marketingmaßnahmen wie von ganz alleine. Freundlichkeit – auch am Telefon, Hilfsbereitschaft, Entgegenkommen, Sauberkeit im Auftreten, eine saubere Baustelle verlassen, Plusleistungen bewusst machen usw. Alles Dinge, die uns plötzlich ganz selbstverständlich erscheinen, wenn wir wissen, dass „wir da wieder hin sollen".

Und die Kunden, wollen die das auch? Gerade aus der ganzen Dienstleistungsbranche wissen wir, dass Kunden oft geradezu darauf bestehen, wieder von denjenigen „bedient" zu werden, die sie schon kennen: „Wenn ich Ihnen jetzt diesen Auftrag gebe, kommt dann auch wieder der freundlichen junge Mann vom letzten Mal?" Wir alle investieren, wenn wir fremde Menschen kennenlernen. Damit ist nicht nur das Trinkgeld gemeint, vielmehr sind es ganz persönliche Investitionen.

Da muss erst wieder Vertrauen aufgebaut werden, eine wie auch immer gestaltete menschliche Beziehung muss neu aufgebaut werden, man muss etwas von sich selbst investieren und versucht, etwas von dem Anderen zu bekommen. Das soll natürlich nicht alles umsonst sein und jedes Mal aufs Neue wiederholt werden müssen. Aus diesen und anderen Gründen wollen die meisten von uns auch gerne Stammkunden sein. Wir wollen auf den menschlichen Bonus, den wir aufgebaut haben zurückgreifen können.

Wenn man es uns als Kunden doch nur nicht so unendlich schwer machen würde! Edgar K. Geffroy beschreibt in seinem Buch „Das einzige, was stört ist der Kunde" (*1), welche Anstrengungen wir als Kunden oft unternehmen, um akzeptiert zu werden. Und welche Kreativität (negative) oft an den Tag gelegt wird, genau dieses zu verhindern.

Kunden-Fanclubs benötigen wir nicht erst in der Zukunft. Ich glaube, die benötigen wir heute schon. Ist das denn nicht eine wunderbare Vorstellung: Kunden, die treu sind wie Fans? Doch, und auch das ist klar, die kommen nicht von ganz alleine, da müssen wir schon etwas dafür tun und das wollen wir uns jetzt anschauen.

Ab wann ist denn nun ein Kunde ein Stammkunde? Ganz grundsätzlich, wenn er das zweite Mal bei uns kauft und zwar unabhängig von der Leistung, die er haben möchte. Natürlich ist das auch davon abhängig welche Zielgruppe wir bedienen und welche Leistungen wir anbieten. Es geht hierbei aber eigentlich vielmehr um unsere Denkweise. Betrachten wir den Kundenkreislauf des Nachfrage-Sog-Systems, so sehen wir, dass er jedes Mal auf der Ebene des Vertrauens- und Nutzenprofils neu beginnt. Und mit jedem neuen Auftrag, den der Kunde an uns vergibt, kommt er immer wieder hier vorbei.

Dann geht es jedes Mal wieder los mit Beratung, Kalkulation, Auftragsausführung und Kundenpflege. Und mit jedem Durchgang wird das Vertrauens- und Nutzenprofil immer ein wenig stärker und größer. So gesehen ist das eigentlich kein Kreislauf, sondern eine ständig wachsende Spirale des Vertrauens. Immer vorausgesetzt, dass wir sie nicht unterbrechen. Manchmal sind die Kunden selbst die Triebkraft, der Motor, der diesen Kreislauf am Leben erhält, besser aber und auch sicherer ist es, wenn *wir* dafür sorgen.

Oft jedoch erlebe ich es, dass ein Unternehmen gar keine oder nicht die richtigen Produkte und Dienstleistungen hat, um diesen Kreislauf überhaupt bedienen zu können. Und dieses Dilemma wird auch immer wieder in zahlreichen Marktuntersuchungen aufgezeigt. Der Hintergrund für diese Schwäche ist immer mangelhaftes Kundendenken, also Auftragsdenken.

Dabei ist wahrscheinlich schon seit über hundert Jahren bekannt, dass es mehr als 6-mal so schwer ist, einen Neukunden zu gewinnen als einen Stammkunden zu betreuen. Die Auftragsbeschaffungsenergie für einen Erstauftrag beträgt immer 100% unserer Leistungskraft. Da ist immer volle Konzentration und volles Engagement gefragt. Schon bei einem zweiten Auftrag können wir diese Energieleistung auf etwa 35 % senken. Der Kunde kennt uns schon, hat eine ganz andere Vertrauensbasis, war schon einmal zufrieden mit uns und unserer Leistung (das ist natürlich die Voraussetzung), wir kennen ihn und seine Wünsche schon besser usw. Wenn derselbe Kunde dann einen dritten Auftrag mit uns abwickelt, dann kann es schon sein, dass so viel Vertrauen besteht, dass der Kunde von sich aus davon ausgeht, dass wir ihm die beste Leistung zum besten Preis offerieren und einfach bestellt, was gerade im ganzen Dienstleistungsbereich der Fall ist, oder lassen wir uns von unserem Steuerberater jedes Mal aufs Neue ein Angebot machen? Das bedeutet, dass hier die Auftragsbeschaffungsenergie auf ein Minimum von etwa 15% sinkt. Darunter kommen wir dann nicht mehr, weil wir davon ausgehen müssen, dass wir schon etwas Energie aufwenden müssen um den vorbeschriebenen Kreislauf in Gang zu halten.

Wenn wir also bei langfristigen Stammkunden mit 15% Energieaufwand Aufträge abholen können, dann sehen wir daraus, dass wir mehr als 6-mal so viel Energie benötigen, um an einen Erstauftrag, sprich an einen Erstkunden heranzukommen.

An dieser Marketingregel gehen ganze Vertriebsorganisationen kaputt und zwar dann, wenn sich die Zielgruppe ändert. Plötzlich, so zu sagen von heute auf morgen, müssen gestandene Vertriebsleute, die bisher im Stammkundengeschäft gebadet haben, mehr als 6-mal so viel Energie aufbringen als die ganzen Jahre zuvor. Die verstehen die Welt nicht mehr und brechen innerlich zusammen. So etwas geschieht heute fast täglich durch Firmenfusionen und –aufkäufe, da müssen Versicherungsvertreter plötzlich Bankleistungen verkaufen oder die Mitarbeiter eines Betonsteinwerkes von heute auf morgen plötzlich Kanalrohre an den Mann bringen. Die habe jahrzehntelang Stammkunden gepflegt und sollen jetzt, meistens völlig unvorbereitet, Neukunden gewinnen. Dann höre ich von den Konzernleute solche Unsinnsparolen wie: „Ein guter Verkäufer kann alles verkaufen!" Und man wundert sich, dass da plötzlich und „völlig unerwartet" Sand im Getriebe ist!

Zurück von unserem Ausflug in die Weltwirtschaft zu unserem kleinen oder großen Markt. Wir sehen also, dass es ein durchaus lohnendes Geschäft ist, aus Erstkunden Stammkunden zumachen. Wir benötigen dazu nur ein grundsätzliches Umdenken und das ist für manch einen von uns nicht so einfach.

Wie weiter vorne im Buch schon mal ausgeführt, kommen dann oft solche Einwände wie: „Was soll ich denn jemandem verkaufen, dem ich gerade ein Haus gebaut habe und der jetzt 27 Jahre abbezahlen muss? Der kauft doch nicht nächstes Jahr wieder ein Haus bei mir!" Jetzt bitte nicht lachen, hier ist das natürlich schon offensichtlich mit der falschen Denke, aber haben wir alle schon die richtigen Produkte und Dienstleistungen für den „Folgeauftrag"?

Es gibt auch Branchen, da ist es noch offensichtlicher, wie zum Beispiel bei den Heizungsbauern. Jeder vernünftige Mensch sieht ein dass eine Heizung ein technisches Gerät ist, das zum dauerhaften störungsfreien Betrieb einer regelmäßigen Wartung bedarf, so wie wir es von unseren Autos ja auch kennen. Jedoch nicht so die Kunden von Heizungsbauern. Zumindest, wenn man die Heizungsbauer fragt. Sonst würden nicht zirka 80% aller deutschen Heizungen ohne Wartungsvertrag laufen, bis sie dann genau am Neujahrsmorgen ihren Geist aufgeben und zum Notfall werden.

Ich habe Firmen unter meinen Kunden, die bieten ihren Kunden *kostenlose* Wartungsverträge an und machen jede Menge Geschäft damit und zwar zum Nutzen der Kunden. Da bekommt der Kunde drei Vorschläge gemacht. 1. einen kostenlosen Standard-Wartungsvertrag, 2. einen bezahlten mit einer Plusleistung und 3. einen zu bezahlenden „Rundum-Sorglos-Vertrag", mit 24-Stunden-Service an sieben Tagen und freier An- und Abfahrt usw.

Diese Sanitär- und Heizungsbau-Spezialisten haben dann aber auch „Marketingwerkzeuge" entwickelt, mit deren Hilfe gut ausgebildete und motivierte Mitarbeiter bei den Kunden jede Menge Folgeaufträge abholen bis hin zu ganzen Neugestaltungen für private Wellnessbereiche, die früher einfach nur ein Bad waren.

Es ist mir auch völlig klar, dass es diese Heizungsbauer naturgemäß furchtbar leicht haben und alle anderen

Dienstleistungs- und Handwerks-Betriebe furchtbar schwer. Nein, ich habe diesen letzten Satz nicht wirklich ernst gemeint. Selbstverständlich gibt es solche Chancen auch in allen anderen Sparten, nur sind sie dort nicht immer so offensichtlich.

Ich kann mich noch gut erinnern, in den frühen 90er Jahren wurde in einer Zeitschrift namens „Geschäftsidee" eine Dienstleistung propagiert die mit Dachrinnenreinigung zu tun hatte. Es gab dort ein komplettes Konzept, wie man sich damit selbstständig machen konnte.

Zu dieser Zeit habe ich für eine Gruppe von Dachdeckern gearbeitet und bin voller Begeisterung dort mit diesem Heft in der Hand aufgetaucht und haben ihnen erzählt, was für eine Superidee das wäre, um aktive Kundenpflege zu betreiben, damit man die Chance bekommt einmal jährlich auf das Dach des Kunden zu kommen und Folgeaufträge sowie Empfehlungen für Neuaufträge abzuholen. Damals bin ich laut ausgelacht worden und man hat mir offen gesagt, dass ich mit dieser Aktion ganz klar bewiesen hätte, dass ich in Wirklichkeit keine Ahnung hätte. Man kann doch nicht seine teueren, gut ausgebildeten Facharbeiter zum Reinigen von Dachrinnen losschicken, das rechnet sich doch nicht.

Nun ja, heute wäre mancher froh, er hätte damals angefangen alle diese Kunden zu Stammkunden zu machen und könnte heute dort die Energieeinspar- und Solaraufträge mit 15% Auftragsbeschaffungsenergie abholen.

Diese Beispiele sollen zeigen, dass nicht der Pflege- oder Wartungsvertrag selbst das Produkt sein muss, sondern dass diese Dienstleistungen nur dazu dienen, die Kunden langfristig an unser Unternehmen zu binden und uns erlauben sollen in regelmäßigen Abständen bei den Kunden aufzutauchen, wo wir dann jede Menge Folgeaufträge generieren und Empfehlungen abholen können.

Für die Heizungsbauer haben wir zu diesem Zweck einen Abnahmebogen für die Heizungswartung entwickelt, auf dem der Kunde unterschreiben darf, dass er mit der Wartung zufrieden war. Das wichtigste an dieser Checkliste ist aber, dass dort alle Leistungen aufgeführt werden, die diese Firma anbietet und zwar in Form eines Fragebogens nach dem Thema: „Noch zu erledigen...". Dann geht der Servicemitarbeiter mit dem Kunden kurz den Bogen durch und fragt ab, wo im Haus ein Wasserhahn, eine Toilettenspülung oder eine Dusche „Wasser stehlen" und man kann auf diesem Bogen auch Empfehlungen aussprechen und dafür wird man mit einem kleinen sinnvollen Geschenk belohnt. Auch das macht der Mitarbeiter gerne, denn er ist immer an den Folgeaufträgen, die er mitbringt, beteiligt. Bei einer Badrenovierung kann da schon ganz schön was hereinkommen.

In manchen Branchen muss man auch aufpassen, welche Begriffe man verwendet, um Kunden, die ja oft mit derartigen Serviceleistungen keine oder im schlimmsten Fall auch negative Erfahrungen gemacht haben, nicht zu verunsichern.

So haben wir bei dem Holzhausbauern ganz bewusst nicht Wartungsvertrag gesagt, weil das bei Kunden die Befürchtung ausgelöst hat, dass Holzhäuser pflegebedürftiger, „wartungsintensiver" seien als Massiv-bauten. Dort sagen wir heute „Servicevertrag zur Werterhaltung und Wertsteigerung Ihres Hauses" und das wird von den Kunden akzeptiert.

Zur langfristigen Kundenpflege haben sich auch Kundenclubs und Kundentreffen als geeignet gezeigt und zwar ganz besonders im B to B-Geschäft. Mit speziellen nutzenorientierten Informationsangeboten, Messeeinladungen, gemeinsamen Events usw. werden die Kunden langfristig an das Unternehmen gebunden. Aber auch im Endkundengeschäft funktionieren solche Aktivitäten zum Nutzen der Kunden hervorragend. Die Mitglieder einer Unternehmergruppe, die sich auf Sportplatzbau spezialisiert haben, machen regelmäßig Rasenpflegeseminare für

Sportplatzwarte, ein Ausrüster für Reitsportartikel hat eigene Reitkurse für seine Kunden angeboten und zwar in Zusammenarbeit mit einem Reiterhof. Eine Fahrschule macht Spezialkurse für Frauen (die ja oft Mütter werden und 17 Jahre später dann eine Neukundenempfehlung haben!) in erste Hilfe, Pannenkurse und Sicherheitstrainings-Tage bei denen man mit einem Kleinbus voll Kunden zum nächste ADAC-Sicherheitstraining fährt und abends bei gemütlichem Ausklang in einer Gaststätte Erfahrungsaustausch betreiben kann. Danach bekommt jede/r Teilnehmer/in noch ein Video auf CD als Erinnerung an diesen gemeinsamen Tag zugesendet.

© Copyright 2004*DIALOG-PARTNER-ANTON-DOSTAL*D-65817 Eppstein

Für all diese Leistungen zahlen die Kunden gerne einen angemessenen Preis, da die Gemeinsamkeit, der Clubgedanke, das Zugehörigkeitsgefühl oder gar die Teilnahme an einer VIP-Gruppe der größte Anreiz dieser Kundenbindungsmaßnahmen sind. Das bedeutet für uns, Kunden sind sogar bereit, uns für unsere Werbung zu bezahlen, wenn wir es geschickt anfangen und sie einen Nutzen davon haben. Oder was glauben Sie, warum Menschen bereit sind mit einem T-Shirt herumzulaufen, auf dem ganz groß Werbung für eine Marke darauf ist?

Die hohe Schule dieser Kundenpflegemaßnahmen ist es, wenn wir es schaffen zu diesen Treffen unserer Stammkunden auch Interessenten einzuladen. Wie sagte mir ein Zimmerermeister, der wöchentlich Bauherrenabende veranstaltet und dazu auch immer wieder Stammkunden einlädt: „Bei diesen Veranstaltungen muss ich die Pausen lange genug machen, dann kommen die Kunden und die Interessenten ganz automatisch ins Gespräch. So viel Vertrauen kann ich niemals bei den Interessenten aufbauen wie ein Stammkunde, der erzählt, was er mit unserer Firma erlebt hat."

Newsletter und Co.

Natürlich gehören zu den Kundenpflegemaßnahmen auch die Kundenzeitungen, die heute über das Medium Internet als Newsletter sehr kostengünstig versendet werden können. Manche Unternehmer kehren allerdings in letzter Zeit wieder zur Druckausgabe zurück, wie zum Beispiel eine Gruppe von Steuerberatern, die ihre „Steuertipps" jetzt wieder mit der Post versendet, weil sie so bei ihren Kunden einen höheren Nutzen und demzufolge auch eine höhere Aufmerksamkeit erzielen. Die Druckausgaben können offensichtlich besser in speziellen, den Kunden zu diesem Zweck überlassenen Sammelordnern aufgehoben werden, denn auf dem Computer gespeicherte Dateien finden die Kunden dann oft nicht mehr. Und es liegt nicht in unserem Ermessen, das für die Kunden zu bewerten. Wenn es so ist, dann sollten wir uns tunlichst danach richten.

Spezielle Services für Stammkunden lösen für diese oft auch Probleme, die ihren Alltag erleichtern. So bietet ein Berliner Fachbuchverlag für Juristen seinen Kunden an, deren

„Wissensdatenbank" zu pflegen. So hat der Kunde immer die aktuellen Informationen, hat keine langen Suchzeiten, wenn einmal spezielles Know-how gefragt ist. Und der Verlag weiß immer, was er den Kunden an neuen Informationen anbieten kann.

Wer dieses Thema kreativ und mit dem Gedanken an den Kundennutzen anpackt, der schafft sich lebenslang treue Kunden, also tatsächlich Kundenfanclubs. Und treue Kunden empfehlen auch mehr als Einmalkunden, wir müssen nur das Ziel und die Werkzeuge haben diese Empfehlungen aktiv vom Markt abzuholen.

Auf diese Art und Weise seinen Kundenstamm zu pflegen, schafft automatisch und ohne zusätzlichen Aufwand eine „Marktbereinigung", wir bereinigen die Konkurrenzsituation auf dem Markt. Weil, wenn jeder in seiner Teilzielgruppe, seiner Marktnische, in seinem Kundenstamm Aufträge generiert und damit sein Unternehmen langfristig sichern kann, er keine Konkurrenz für die Kollegen mehr darstellt.

Aber .... VORSICHT!!! Eine Anmerkung noch zum Schluss dieses Kapitels. Denken wir immer an die 15%-Regel. Jeder Unternehmer, der sich durch aktive, konsequente und zielgerichtete Marketingaktivitäten einen festen Kundenstamm geschaffen hat, sollte sich eine Selbstverpflichtung auferlegen, die da heißt in regelmäßigen Abständen immer wieder Neukundengeschäft zu üben. Warum? Denken wir zurück an das was ich oben über die Vertriebsorganisationen erzählt habe, die ihre Zielgruppe von heute auf morgen wechseln müssen. Man kann sich das mit viel höherem Aufwand verbundene Neukundengeschäft auch ganz abgewöhnen und hat dann große Probleme, wenn man aus irgendeinem Grund von heute auf morgen wieder neue Interessenten und Erstkunden gewinnen muss.

Kapitel 6

Das Nachfrage-Sog-System und seine Bedeutung für die Mitarbeiter

In diesem Kapitel betrachten wir uns, wie wir unsere Mitarbeiter aktiv einbinden und zu „Mitunternehmern" machen können.

Das Thema ist fast so alt wie die Menschheit. Wie wir aus der Geschichte wissen, haben sich schon die alten Ägypter sehr weitgreifende und fundierte Gedanken darüber gemacht, wie sie sich beim Bau der Pyramiden die Kreativität und Loyalität der Arbeiterheere sichern konnten. Und die damals über mehrere hundert Jahre gewachsenen Instrumente der Mitarbeitermotivation sind heute so aktuell wie einst, auch wenn wir heute technisch weiter sind.

In den letzten 16 Jahren habe ich weit mehr als 1.000 Mitarbeiter/innen geschult, für kleine und große Unternehmen. Und immer wieder muss ich feststellen, dass es eine grundsätzliche Voraussetzung für den Erfolg eines Unternehmens ist, wie dort mit den Menschen, die „mitarbeiten" umgegangen wird. Wirklich erfolgreiche Unternehmen haben starke, kreative und loyale Mitarbeiter. Wenig erfolgreiche Unternehmen haben angepasste, passive Mitarbeiter, die nichts zu sagen haben und dann auch genau das tun. In vielen kleinen und großen Firmen heißt es heute immer noch:

> *Jeder macht, was er will,*
> *keiner macht, was er soll*
> *und alle machen mit!*

Vor einigen Jahren habe ich von einem Trainerkollegen, der Qualitätssicherung im Handwerk unterrichtete, die Formel für Mitarbeiterkompetenz gelernt: Können x Wollen x Dürfen. Das

Dumme daran ist, dass es sich dabei nicht um eine Addition, sondern um eine Multiplikation handelt.

Das Nachfrage-Sog-System

Die Bedeutung eines ganzheitlichen Marketings für die Mitarbeiter
Kompetenz der Mitarbeiter

Die Mitarbeiter-Kompetenz errechnet sich aus folgender Formel:

Können X Wollen X Dürfen

Ist nur eines davon NULL ist alles NULL !!!

© Copyright 2004*DIALOG-PARTNER-ANTON-DOSTAL*D-65817 Eppstein

Ist also nur ein Faktor gleich Null, ist sofort die ganze Kompetenz Null. Ich wende diese Formel seither bei meinen Schulungen an und ich ernte ausschließlich Zustimmung bei meinen Zuhörern. Mit einem ganz entscheidenden Unterschied bei den Chefs und den Mitarbeitern Sie ahnen es wahrscheinlich schon, liebe Leserin/lieber Leser, die Chefs setzen die Null viel zu oft wo ganz anders ein als die Mitarbeiter/innen.

Während mir *diese* Unternehmer immer wieder erzählen, sie würden ihre Mitarbeiter/innen ständig zur Mitarbeit und zum Mitdenken auffordern, diese wären dazu aber nicht bereit, bekomme ich dann von den Angestellten und Arbeitern in der Schulung bei Abwesenheit des Chefs erzählt: „Ach wissen sie, das habe ich zwei, drei Mal probiert, dann habe ich es sein lassen, weil ja doch nichts dabei herauskommt. In unserem Betrieb ist Kreativität unerwünscht!" Wenn mir dann der gleiche Unternehmer erzählt: „Wenn ich es schaffen würde, dass meine Leute während der Woche mit dem gleichen Elan und dem gleichen Ideenreichtum arbeiten würden wie am Wochenende auf ihrer eigenen Baustelle, dann hätte ich gewonnen!" Dann haben wir in dieser Firma ein echtes Problem.

Macht aber nichts, denn wir wissen ja, Problem erkannt, Gefahr gebannt! Und die, die nichts erkennen? Na ja, wir wissen schon, die machen demnächst Platz auf dem Markt und zwar für die, die guten Willens sind und bereit, etwas zu ändern! Probleme sind bekannterweise nichts anderes, als zu lösende Aufgaben.

Viele Mitarbeiter sind nach meiner Meinung ganz einfach zu wenig gefördert, aber auch zuwenig gefordert. Dies soll nicht heißen, dass sie zu wenig schaffen müssen, das ist vielmehr in Beziehung auf ihre geistigen und kreativen Fähigkeiten gemeint. Mit der Zeit gewöhnen sie sich das Einbringen eigener Ideen dann ganz ab und es dauert oft schon ein wenig bis man wieder genug Vertrauen aufgebaut hat, dass sie bereit sind, sich und ihren Ideenschatz wieder zu öffnen und aktiv an der Gestaltung des Unternehmens mitzuwirken.

Auf die Kommunikation kommt es an

Der so genannte „Knackpunkt" ist immer die innerbetriebliche Kom-munikation. Diese muss anfangs gepflegt werden wie ein zartes Pflänzchen. Geschieht dies aber, dann ist das die wertvollste Investition, die ein Unternehmer einbringen kann, denn mit der entsprechenden Pflege wird dieses Pflänzchen zu einem starken Baum, der das ganze Unternehmen stützt und mit seinen starken Ästen ein Dach bildet gegen alle möglichen Unwetter, die auf eine Firma einströmen.

Die Frage, warum sich so viele Firmeninhaber mit der Mitarbeiter-führung so schwer tun ist relativ leicht zu beantworten, dafür aber auch genauso schwer zu lösen. Wie Dieter Lutz in seinem hervorragendem Buch „Marketing für Steuerkanzleien" (*11), einem der besten und umfangreichsten Bücher über zielgruppenbezogenes (Steuerkanzleien) und systemisches Marketing für Dienstleister, das ich kenne, schreibt: „Für den Chef ist schlechte Kommunikation zumindest vordergründig und kurzfristig ganz bequem: Wer nur knapp anweist, sich um die Verständlichkeit seine Worte nicht kümmert und in erster Linie zu überreden trachtet, kann lästige Diskussionen unterbinden.

Kooperation (unter den Mitarbeitern) wird häufig nur propagiert, tatsächlich geschürt wird hingegen Rivalität. In einem solchen Betriebsklima wird Kooperation rasch doppelbödig. (.....) Chefs vermeiden oft das Feedback ihrer Kommunikation oder nehmen es nicht zur Kenntnis. Grund sind häufig Ängste – der Hauptfeind guter Kommunikation. Offenheit im Kommunikationsverhalten mobilisiert gewaltige Ängste – vor Verletzwerden, vor Missverständnissen, vor Macht- und Statusverlust, vor letztlich unüberschaubaren Konsequenzen."

Es erscheint eben manchem viel leichter der Kommunikation in seinem Unternehmen aus dem Wege zu gehen als sie zuzulassen. Ja, genau darum handelt es sich nämlich, zulassen, echtes Zuhören, wirkliche Aufmerksamkeit gegenüber den Mitarbeitern /innen. Kommt uns das nicht irgendwie bekannt vor? Hat das nicht irgendetwas mit Marketing zu tun? Haben wir das nicht weiter oben in diesem Buch in etwas anderer Form, mit einer anderen „Zielgruppe" schon einmal gelesen?

Genau so ist es! Mitarbeiterführung ist eigentlich nichts anderes als internes Marketing. Was will dieser Mensch „wirklich" von mir? Habe ich wirklich und ganz zugehört? Eine der erfolgreichsten Unternehmensstrategien und –philosophien ist das aus dem Japanischen bekannte Kaizen. Bei genauerer Betrachtung besagt dieses System im Kern nichts anderes, als dass ein jeder die meiste Kraft und all seine Kreativität dafür verwenden soll: In einem Produktivitätsablauf den Mensch, der vor ihm arbeitet und den Menschen, der nach ihm kommt, als Kunden zu betrachten und alles daran zu setzen, seinen Kunden das Leben so leicht wie irgend möglich zu machen. Ist unser Betrieb schon genauso aufgebaut?

Oder macht hier jeder jedem das Leben schwer? Dann müssen wir zuerst intern etwas verändern, denn eines ist, glaube ich, jedem klar, dass unsere Mitarbeiter unser höchstes Kapital sind und dass diese Mitarbeiter unsere Unternehmensphilosophie (sofern vorhanden) und das Betriebs-klima immer auch nach außen tragen, es sozusagen beim Kunden wiedergeben. Sind wir nicht alle schon einmal in einer Gaststätte von einer missmutigen Servicekraft bedient worden – na, wie haben wir uns als Kunde da gefühlt? Und genauso geht es unseren Kunden, wenn bei uns das Betriebsklima Marke Eiskeller ist.

Oft erlebe ich, dass Firmeninhaber die Mitarbeit und die Kreativität ihrer Angestellten und Arbeiter mit Geldzuwendungen fördern wollen. Das ist nicht völlig falsch und kann auch in begrenztem Maße Wirkung zeigen, viel wichtiger jedoch für die Motivation ist das, was wir heute modern Feedback nennen. Wenn wir unsere Mitarbeiter zu „Mitunternehmern" machen wollen, dann müssen wir sie und ihre Ideen vor allem ernst nehmen.

Auch hierzu möchte ich ein Beispiel aus der Praxis bringen. Vor Jahren wurden die Mitarbeiter eines größeren Bauunternehmens in einer Mitarbeiterschulung aufgefordert, mit wachen Augen durchs Leben zu gehen und nach potenziellen Aufträgen Ausschau zu halten. Diese Auftragssignale sollten dann der Betriebsleitung gemeldet werden, damit sie mit Hilfe des Nachfrage-Sog-Systems später zu Kunden werden können und somit zur Sicherung der Arbeitsplätze beitragen. Da meldet sich ein Lehrling aus der Firma und sagt: „Ha, das ist doch alles nur graue Theorie!" Befragt, was er denn damit meine, sagt er: „Ich habe dem Chef vor 4 Monaten die Visitenkarte meines Onkels gegeben, der gerne mal ein Angebot von ihm haben möchte. Da hat sich bis heute keiner gemeldet!"

Ich glaube, ich brauche jetzt nicht zu erwähnen, wer der einzige war, der darüber nicht gelacht hat. Feedback heißt hier – und ich sage es ganz bewusst noch einmal – nichts anderes als ernst genommen werden. Sind allen Mitarbeitern/innen die Unternehmensziel bekannt, wissen alle, zu welchen Zwischenzielen sie welchen Beitrag leisten können und sollen, gibt es klar gegliederte Aufgabenbereiche mit entsprechenden Kom-petenzen und Zeitzielen, gibt es eine regelmäßige Rückkopplung über Arbeitsergebnisse, mit Lob und Anerkennung und/oder konstruktiver Kritik, finden Einzelgespräche statt, in denen Kritik geübt werden kann ohne Verletzung, ohne das der Mensch „sein Gesicht verliert"? Vermeiden wir Rechthaberei und Besserwisserei, Hektik und Ungeduld, negative Kritik vor der Gruppe oder noch viel schlimmer an Abwesenden? Werden alle betroffenen Mitarbeiter/innen von Ver-änderungen vorab informiert, richtig unterrichtet und eingewiesen und haben sie angemessene Zeit sich auf größere Veränderungen einzustellen?

Die Erziehungsmaxime des vorvorherigen Jahrhunderts: „Nichts gesagt ist Lob genug" muss heute wirklich ein Relikt aus furchtbar alten Tagen sein. Annerkennung und Leistungsförderung bringen bekanntlich höchste Zinsen. Betriebe, die ständig in die Aus- und Weiterbildung ihrer Mitarbeiter investieren, bekommen das vielfältig zurückgezahlt. Schon höre ich es sagen: „ Ja genau und wenn ich dann die ganze Ausbildung bezahlt habe, dann machen sich die Kerle selbstständig und mir Konkurrenz!" Na, dann würde ich mir als Chef aber mal Gedanken um das Betriebsklima in meiner Firma machen.

Ich begleite immer wieder auch Menschen, die sich selbstständig machen wollen. Und ich kann nur sagen, die allerwenigsten machen das so ganz aus freien Stücken. Nachher dann, wenn der Schritt in die Selbstständigkeit erfolgreich war, sind die allermeisten glücklich, dass sie diesen ersten, schweren Schritt getan haben. Am Anfang aber stehen viele Ängste und Nöte und für die meisten unter ihnen ist der Weg in die Selbstständigkeit zu erst einmal ein Ausweg. Ein Ausweg aus einer frustrierenden Situation.

Natürlich gibt es auch geborene Unternehmer, aber das ist wirklich die absolute Unterzahl. Ich kenne aber auch Firmenkooperationen, die dadurch entstanden sind, dass ein Unternehmer einem besonders fähigen Mitarbeiter dabei geholfen hat sich in einer Marktnische selbstständig zu machen, so dass beide zum Nutzen der Kunden ein größeres Marktsegment abdecken können und zusammen heute sozusagen „alles aus einer Hand" anbieten.

Ein Beispiel hierfür ist ein großer Zimmereibetrieb aus dem Schwäbischen. Da hat sich der jüngere Bruder selbständig gemacht und während der ältere Bruder nach wie vor seine Kernbereiche vom Dachausbau bis zu schlüsselfertigen Holzhäusern abdeckt, bietet der jüngere alle Teilleistungen „rund ums Haus" vom Fenstereinbau, über Beschattungs- und Sicherheitssysteme, Fotovoltaik bis hin zum Taubenabwehrsystem an und bietet somit eine idealen Ergänzung und Angebotserweiterung ohne dass sich die väterliche Firma verzetteln musste.

Kein Erfolg ohne gute Werkzeuge

Neben den oben beschriebenen psychisch-sozialen Voraussetzungen erfolgreicher Mitarbeitermotivation ist eine wichtige Voraussetzung auch die Tatsache, dass die Mitarbeiter/innen die richtigen Werkzeuge haben um „unternehmerisch" tätig zu sein.

Kein guter Handwerker käme auf die Idee seine Leute ohne oder mit unpassendem Werkzeug auf die Baustelle zu schicken und gleichzeitig Höchstleistungen von ihnen zu verlangen. Welche „Marketing-Tools", also Werkzeuge, lassen sich verwenden, um Folge-Aufträge und Empfehlungen aktiv bei den Kunden abzuholen?

Zuerst einmal setzen wir sehr erfolgreich die „Idee des Monats" ein. Das ist so eine Art Wettbewerb untereinander zum Thema kontinuierliche Verbesserung. Wir kennen diese Vorgehensweise aus dem Qualitätsmanagement. Man trifft sich in regelmäßigen Abständen, entweder mit der ganzen Mannschaft oder in größeren Betrieben mit dafür eingerichteten Teams und bespricht die Umsetzbarkeit der von den Mitarbeitern eingereichten Verbesserungsvorschläge. Dann werden diese - mit Zeitziel - umgesetzt, ihre Wirksamkeit geprüft und beim nächsten Treffen berichtet jemand über die Erfolge oder aber auch über die Misserfolge. Dann kann korrigiert werden und schon geht es wieder von vorne los. Auf diese Art und Weise schlafen einmal eingesetzte Maßnahmen auch nicht wieder ein und bleiben stets topaktuell.

Als Nächstes haben wir das Kundendatenblatt. Dies ist ein hervorragendes Instrument zur Kundenpflege.

Die Mitarbeiter, die für die Auftragsausführung zuständig sind, bekommen stets die aktuellen Informationen über die Kunden und den aktuellen Auftrag mit, so dass bei der Auftragsabwicklung

Das Nachfrage-Sog-System

Die Bedeutung eines ganzheitlichen Marketings für die Mitarbeiter
Kompetenz der Mitarbeiter
Sicheres, kompetentes Auftreten durch interne „INFORMATION"

KUNDEN-DATENBLATT

Persönliche-Daten: ....

Auftrags-Daten: ....

Was ist bisher gelaufen: ....

© Copyright 2004*DIALOG-PARTNER-ANTON-DOSTAL*D-65817 Eppstein

keine Missverständnisse den Mitabeitern vor Ort, aber auch den Kunden, das Leben erschweren. Und gleichzeitig werden auf diesem Blatt die Kundendaten stets aktualisiert und bringen somit das notwendige Feedback für die Geschäftsleitung. Aus diesem stets aktuellen Datenfluss können dann Produkt- und Dienstleistungsoptimierungen entstehen, die ganz und gar auf die neuesten Wünsche der Kundschaft ausgerichtet sind. Hierdurch kann ein Marktvorsprung entstehen, der quasi uneinholbar macht. Es versteht sich aber hierbei von selbst, dass zum Kundendatenblatt auch die Kundendatenblatt-Retoure gehört.

Für Mitarbeiter/innen, die das nicht gewöhnt sind, stellt das oft eine Anfangshürde da. Gerade in Berufen, in denen es nicht in erster Linie auf schriftliche Fähigkeiten ankommt wie das im gesamten Handwerk der Fall ist, muss der Sinn solcher eher ungeliebten Erledigungen klar gemacht werden und ein wenig geübt werden. Das stellt an die Geschäftsleitung die Anforderung an ein gewisses Maß an Durchhaltewillen und –vermögen sowie ständiger Motivation durch Erfolgsmeldungen an die Ausführenden.

Das Nachfrage-Sog-System

Die Bedeutung eines ganzheitlichen Marketings für die Mitarbeiter
Kompetenz der Mitarbeiter

KUNDEN-DATENBLATT-RETOURE

Objekt-Daten: ....

Mögliche Leistungen: ....

Was ist noch zu machen: ....

Folgeauftrags-Chancen erkennen, <u>aktiv</u> abholen und Arbeitsplätze sichern!

© Copyright 2004*DIALOG-PARTNER-ANTON-DOSTAL*D-65817 Eppstein

Der Chef eines größeren Heizungsbaubetriebes aus Nordbayern hat seine Mitarbeiter grundsätzlich am nächsten Tag noch einmal zum Kunden geschickt, wenn diese vergessen hatten die Kundendatenblätter zu aktualisieren. Er sagte mir. „Das ist peinlich, wenn die sich dort entschuldigen müssen und so passiert das höchstens zwei bis drei mal, dann haben sie´s kapiert!"
Von diesem Betrieb weiß ich auch, dass der Engpass oft ganz einfach das Nichtvorhandensein eines Schreibgerätes war.

Deshalb gibt es dort in allen Servicewagen ein Schreibbrett mit einem mittels einer kleinen Kette fest angebrachten Stifts.

Wie viele schriftliche Abnahmen machen Sie schon?

Ein weiteres Instrument für Kundenorientierung und Folgeauftragserkennung sind schriftliche Abnahmen. Der oben beschriebene Heizungs- und Elektrobaubetrieb lässt ebenfalls grundsätzlich jede noch so kleine Arbeit von den Kunden mittels eines Abnahmeberichtes bestätigen. Dabei wird natürlich auch mit zwei bis drei Fragen die Zufriedenheit des Kunden mit der Auftragsausführung hinterfragt, aber das ist nicht einmal das Allerwichtigste.

Auf diesen Abnahmebogen befindet sich auch ein Fragebogen, der mittels kleiner Kästchen zum Ankreuzen abfragt, welche Arbeiten denn noch im Haus zu machen sind. Und mancher Kunde hat sich schon mit einem saftigen Trinkgeld bei den Mitarbeitern dafür bedankt, dass er sich auf diese Weise eine erneute Anfahrt eines Handwerkers erspart hat, weil er selbst nicht mehr daran gedacht hatte, dass der Wasserhahn im Keller ja schon seit Monaten tropft.

Zudem lernen die Kunden auf diese Art und Weise alle Leistungen des Betriebs kennen. Das schafft nicht nur Folgeaufträge, sondern auch Kundenbegeisterung. Auch Empfehlungsadressen kann man auf solch einfache Weise immer wieder abholen und da steht dann schon mal manch schöner Auftrag dahinter.

Der angenehme Nebeneffekt solcher Checklisten ist, dass da draufsteht was man tun soll. Zum Beispiel nach einer Empfehlungsadresse fragen. Das ist dann sowohl für die Mitarbeiter/innen, als auch für den Kunden eine Erleichterung, denn der Grund für die Frage ist ja der Fragebogen und der trägt dann sozusagen die ganze Verantwortung. Da ist dann die

Hemmschwelle zum Stellen solcher für manchen anfangs etwas peinlichen Fragen eher gering.

Eines meiner Lieblingsthemen ist in diesem Zusammenhang der so genannte „Blick über den Gartenzaun". Bei den Gärtnern kann man sich das wörtlich vorstellen. Meine Frage ist dann bei der Mitarbeiterschulung. „Wie viel Nachbarn hat ein Haus? Richtig, mindestens acht. Und wenn wir schon in einer Straße arbeiten, warum schauen wir uns dann nicht die anderen Gärten auch an und notieren, wo wir in Zukunft eventuell auch noch tätig werden können.

Das Nachfrage-Sog-System

Die Bedeutung eines ganzheitlichen Marketings für die Mitarbeiter
Kompetenz der Mitarbeiter

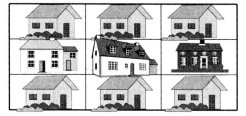

Blick über den Gartenzaun um Auftrags-Chancen aktiv abzuholen

© Copyright 2004*DIALOG-PARTNER-ANTON-DOSTAL*D-65817 Eppstein

Als ich dieses Beispiel bei einem Seminar erzählt habe, da schlug der Bereichsleiter einer großen Firma, die sich unter anderem mit der Sanierung von Flachdächern im Industriebereich beschäftigt, plötzlich und unerwartet mit der flachen Hand auf den Tisch und rief laut aus: „Das darf doch nicht wahr sein!" Als er von den anderen, sehr erschrockenen Teilnehmern gefragt wurde, was das zu bedeuten hat, hat er geantwortet: „Wir fahren jeden Tag in ein anderes Industriegebiet und sanieren ein Flachdach."

Auf die Frage, was daran denn nun so erstaunlich sei, sagte er: „Ja, wissen sie denn nicht, was wir von dem Dach aus sehen könnten, wenn wir die Augen nur auf machen würden? Lauter Industriedächer, die meistens sogar in der gleichen Zeit gebaut wurden, also genau dieselben Probleme haben wie das Dach, auf dem wir gerade stehen und arbeiten. Und wir fahren am nächsten Tag in die nächste Stadt und so weiter."

Jetzt werden natürlich wieder einige Leser/innen messerscharf erkenn, dass sie ja gar keine Gärtner sind und auch niemals Dächer reparieren. Stimmt, aber schauen wir uns das Bild doch einmal genau an. Das ist nichts anderes als ein Netzwerk. So, jetzt brauchen wir uns nur noch ein paar Gedanken zu machen, was wir unternehmen müssen, damit wir so viel Vertrauen aufbauen, dass uns unsere Kunden in ihr Netzwerk hineinlassen und wie wir dort die Empfehlungen abholen können und schon geht es los mit der Minimierung von Auftragsbeschaffungsenergie und –kosten.

Über das Thema Mitarbeiterompetenz und –motivation lässt sich auch im Zusammenhang mit dem Thema Marketing ein ganzes eigenes Buch schreiben, dass mindest genauso spannend und erkenntnisreich ist wie dieses hier. Themen wie Ansprache der Kundschaft, Sauberkeit der Baustelle, das Tragen von Namensschildern und selbstverständlich auch das Telefonieren im Allgemeinen, Akquisetelefonate, sowie Termintelefonate und so weiter. Aber dafür gibt es Spezialisten, auf deren Knowhow wir lieber „kooperativ" zurückgreifen. Ein anerkannter Spezialist für diese Themen ist unser Kooperationspartner Roland Arndt aus Bad Oldesloe (www.roland-arndt.de) der über das erfolgreiche Telefonieren schon mehrere Bücher geschrieben hat und ebenfalls das Nachfrage-Sog-System einsetzt.

Ein Thema möchte ich an dieser Stelle noch loswerden, das Thema Visitenkarten für Mitarbeiter. Visitenkarten sind und bleiben eines der preisgünstigsten Werbemittel überhaupt. Es gibt ganze Empfehlungssysteme, die sehr erfolgreich damit arbeiten, dass man untereinander Visitenkarten austauscht. Da kommen Empfehlungen zustande mit Auftragswerten von denen die, die das nicht kennen, nicht einmal zu träumen wagen. Natürlich müssen diese Empfehlungsaufträge dann auch „aktiv" vom Markt abgeholt werden und nicht irgendwo im Tagesgeschäft versickern.

Ein Unternehmer aus Bayern berichtete mir, dass er mit den Visitenkarten für Lehrlinge, ohne dass dies beabsichtigt war, ein echtes Problem gelöst hat. Es kommt immer wieder vor, dass Lehrlinge sich bei mehreren Stellen bewerben und dann nicht absagen, wenn sie sich für eine andere Stelle entschieden haben. Da es sogar rechtens ist, wenn diese mehrere Ausbildungsverträge unterschreiben, da der Vertrag erst am ersten Arbeitstag gültig wird, kann so etwas für den Ausbildungsbetrieb sehr unangenehm sein. Der steht dann für ein Jahr ohne Auszubildenden da. Dieser Zimmerer erzählte mir, dass er denen, die sich bei ihm bewerben und in die nähere Auswahl kommen, anbietet, dass sie sich zusammen mit dem unterschriebenen Ausbildungsvertrag ihre Visitenkarten abholen können. Offensichtlich stellen diese kleinen Kärtchen eine höhere Hemmschwelle dar als ein unterschriebener Vertrag, denn wenn dann einer nicht erscheint, dann weiß er schon, dass dieser auch nicht zum Ausbildungsbeginn erscheinen wird und kann ihn direkt darauf ansprechen, um schon im Vorfeld der Vertragsvereinbarung die wirklichen Ziele der jungen Leute abzuklären.

Fassen wir zusammen: Mitarbeiter zu Mitunternehmern zu machen ist die wohl lohnendste Unternehmeraktivität überhaupt und das bezieht sich auch auf unsere Marketingaktivitäten. Dabei ist die Grundvoraussetzung die, dass wir unsere Mitarbeiter/innen *wirklich* ernst nehmen. Wie die Psychologen sagen: „Mit

Wertschätzung und auf gleicher Augenhöhe". Instrumente der Motivation sind dabei Maßnahmen wie: Regelmäßig über die Firmen- und Bereichsziele informieren, klare Abgrenzung der Verantwortungsbereiche und dementsprechende Kompetenz- und Aufgabenzuweisung, Erfolgskontrolle mit konstruktiver Kritik und erkennbarem Lob und Anerkennung, Förderung eines positiven Betriebsklimas mit Teamgeist und einer Atmosphäre gegenseitiger Wertschätzung. Weiterbildungskonzepte zur Förderung begabter und williger Mitarbeiter/innen und last, but not least gute Bezahlung mit erfolgsorientierten Leistungsanreizen.

Aber ohne die richtigen Werkzeuge hilft die ganze Motivation nichts. Auch hier gilt wieder: Wer schreibt, der bleibt! Checklisten, Kundendatenblatt, Kundendatenblatt-Retouren, Kundenbefragungen, Fragebogen für Folgeauftragschancen und für Empfehlungsadressen sind nur einige der Möglichkeiten, Mitarbeiter/innen aktiv in unsere Marktbearbeitung einzubeziehen.

Kapitel 7

Das DIALOG-PARTNER- 1:1 -Marketing-System mit konsequenter und zielgerichteter Umsetzung zum Ziel gelangen

In diesem letzten Kapitel betrachten wir uns wie wir schrittweise und mit konsequenter Ausrichtung auf unser Ziel „Markt machen" vorgehen wollen und dabei das erfolgreiche Nachfrage-Sog-System einsetzen.

Wenn wir uns jetzt die einzelnen, ganz konkreten Schritte zur Um-setzung und Einsetzung eines erfolgreichen Marketings beschäftigen, so setzt das natürlich voraus, dass wir unsere Strategiehausaufgaben schon gemacht haben. Unternehmen, die keine niedergeschriebenen und von allen Mitarbeitern gelebten Ziele besitzen, werden sich selbstverständlich auch mit der Implementierung komplexer Marketingstrategien äußerst schwer tun.

Hierzu möchte ich noch mal auf Kapitel 3 dieses Buches verweisen, da steht das mit den Zielen nämlich drin. Erinnern Sie sich noch, liebe Leserin / lieber Leser: „Wer ein hohes Haus bauen will, der sollte viel Zeit mit dem Fundament verbringen!".

Nur die zielgerichtete, zeitnahe und konsequente Umsetzung bringt Erfolg!

Wer dieses Buch aufmerksam gelesen hat, hat sich bestimmt Gedanken gemacht, wie er/sie alles das auf einmal schaffen soll. Wie soll man denn das alles umsetzen? Die Antwort ist ebenso einfach, wie praktisch – gar nicht.

Bitte, bitte nicht „auf einmal". Das bringt erfahrungsgemäß gar nichts und ist auch gar nicht Erfolg versprechend. Mit der theoretischen Planung kann man leicht monatelang herumspielen, sich gut und gerne für tausende von Euro beraten lassen und hat am Ende nichts aber auch gar nichts erreicht. Außer vielleicht einer Menge Frust und Unzu-friedenheit, vor allem unter den Mitarbeitern. Oft erleben wir es, dass sich nur der Firmeninhaber ausbildet und dann in der Firma eine Reaktion entsteht nach dem Motto: „Chef war wieder mal auf'm Seminar, alle Mann in Deckung und ruhig abwarten und nichts tun, bis sich der Anfall von Veränderungswut wieder gelegt hat!" Und genau das geschieht dann auch.

Schade, wieder Geld zum Fenster hinausgeworfen und man ist danach auch noch der festen Überzeugung, dass diese neue Methode doch nicht so gut sein kann, denn sie hat ja nichts gebracht. Nur die zielorientierte, konsequente Umsetzung von einfachen, Erfolg versprechenden Schritten unter Einbeziehung der Mitarbeiter und mit motivierenden Teilerfolgen kann langfristig zum Erfolg führen.

Wie schon weiter oben gesagt ist hier ein gutes Projektmanagement angesagt. Eine Erfolg versprechende Methode ist ISL. Dieses von meinem Kollegen und Franchising-Spezialisten Günter Reimers (www.pro-image-franchising.de) entwickelte Instrument ist so faszinierend, weil es so einfach ist und genau aus diesem Grund sowohl von ganz kleinen, als auch von großen Betrieben eingesetzt werden kann. Er setzt es hauptsächlich ein für die „Konzeption und Markteinführung der teamorientierten, strategischen Unternehmensführung", wie er es nennt. Wer das Instrument oder wie ich sage „Werkzeug" kennt, kann es für alle Veränderungsprozesse des Unternehmens verwenden, da es in hervorragender Weise alle Ebenen der Firma einbindet und somit von Anfang an für eine breite und durchdringende Akzeptanz sorgen kann.

Die Engpass-Schnellanalyse

Nach dieser kleinen Einführung wollen wir jetzt ganz konkret werden und mit der konsequenten Umsetzung und Einsetzung in unserem Betrieb beginnen.

Als erstes machen wir eine so genannte Engpass-Schnellanalyse, das heißt, wir analysieren, wo wir jetzt schon stehen mit unseren Marketingaktivitäten. Dabei hilft uns das Bild vom Nachfrage-Sog-System – Kreislauf. Wir beachten die drei Ebenen: 1. Kunden finden, 2. Kunden gewinnen und 3. Kunden binden. Und wir denken dabei stets an die Stufen, die unsere Interessenten und Kunden im Laufe ihres „Kundenlebens" in unserem Unternehmen – mit unserer Hilfe – erklimmen wollen von der Zielgruppenadresse (ZA) über den Erstkunden (EK) bis zum Treuekunde (TK). Auf jeder dieser Stufen haben wir speziell für diese Interessenten und Kunden abgestimmte Vorgehensweisen und Informationen.

Nun wäre es Kräfte raubend und zeitaufwändig, wenn wir an allen Ecken und Enden gleichzeitig beginnen wollten, unsere Marketing-Aktivitäten zu optimieren, und ratz-fatz würde uns das viel beschriebene Tagesgeschäft wieder „platt machen" und dann? Siehe oben!

Nein, wir wollen die Sache von Anfang an schlau angehen und werden uns den in der Engpass-Schnellanalyse gefundenen ersten Engpass herausgreifen und genau den lösen wir und nichts anderes. Haben wir diesen konstruktiv, mit Ideen und im Optimalfall unter Einbeziehung unserer Mitarbeiter gelöst, kann sich die Erfolgsspirale wieder weiterdrehen, bis zum nächsten Engpass. Dann lösen wir diesen und so weiter.

In Krisenfälle, also wenn es mal ganz schnell gehen muss, gehen wir auf unserem Kreislauf einen Schritt nach links. Das heißt, wir schauen, wie wir schnellst möglich und kreativ an unsere Stammkunden heran-kommen. Das sind nämlich Kunden, die uns schon kennen, die schon einmal zufrieden waren und bei denen demzufolge die Auftragsbeschaffungsenergie nicht so hoch ist, wie bei den Zielgruppenadressen, bei welchen wir ja zuerst in sieben Stufen Vertrauen aufbauen müssen. Von diesen Stamm- und Treuekunden holen wir uns zuerst die Aufträge ab, die wir benötigen, um danach mit der wiedergewonnenen Freiheit (kreativ und finanziell) an unserem gezielten Marketing zu arbeiten und dann Zukunftssicherung zu betreiben.

Einer der wesentlichsten Faktoren für langfristigen Erfolg ist, das ganze Jahr über mit Ziel und Plan Marketing zu betreiben und nicht erst, wenn das nächste Auftragsloch schon drückt. Deshalb ist die Grundlage des erfolgreichen Marketings der Jahresmarketingplan.
Wir müssen erkennen, dass, wenn wir im Februar keine Aufträge haben, wir im September, Oktober nicht die richtigen Weichen gestellt haben. Das ist besonders in den Sparten wichtig, die mit saisonalen Schwankungen zu kämpfen haben.

Zwei Beispiele sollen dies verdeutlichen. Eine Gruppe von Busreiseunternehmern hatte mit der Tatsache zu kämpfen, dass sie in den Zeiten der Hauptsaison nicht genügend Busse zur Verfügung hatte, aber in der Neben- und Zwischensaison der Gewinn fast aufgefressen wurde, weil die Fahrzeuge herumstanden und die Fixkosten weiterliefen.

Was tun? Leute entlassen, Kosten minimieren und so weiter, also das ganze bekannte Programm, das immer tiefer in die Negativspirale führt? Die Lösung wurde in einer einzigen Kreativsitzung des Marketingausschusses gefunden, weil sie eigentlich schon allen bekannt war, man hatte sich nur noch nie intensiv mit der Vermarktung beschäftigt. Es waren Vereins- und Bildungsreisen für Menschen (Zielgruppen), die nicht an die Reisesaison gebunden sind.

Herausgekommen sind dann Spezialangebote, die nicht nur attraktiv sind, sondern bei diesen Zielgruppen ganz spezifische Probleme lösen und Wünsche befriedigen, wie spezielle Betreuungsangebote während der Reisen, vor der eigenen Haustüre abgeholt werden und so weiter.

Ein zweites Beispiel sind Dachdecker im Schwarzwald. Warum im Schwarzwald? Nun, weil die ganz genau wissen, dass im Februar und März „Sauer-Gurken-Zeit" ist. Da liegt nämlich Schnee auf den Dächern (natürlich gilt das für viele andere Gebiete auch). Diejenigen, die sich aber schon frühzeitig mit diesem Thema beschäftigt haben und mittels Nachfrage-Sog-System, einer gepflegten Kundendatenbank und einer guten Auftragsplanung vorgesorgt haben, haben in dieser Zeit jede Menge Aufträge „unter dem Dach" abzuarbeiten und somit sind sie witterungsunabhängiger geworden.

Dies sind nur zwei einfache Beispiele und alle, die jetzt wissen warum das nicht funktioniert, werden mit absoluter Sicherheit auch vom Markt bestätigt werden und machen nur ein wenig später Platz für die, die es ausprobiert haben und mit Kundendenken wunschgerechte Lösungen präsentieren.

Der Marketingjahresplan

Wie schon oben beschrieben fangen wir mit kleinen Schritten an. In meinen Seminaren gibt es am Ende des Trainings-Tages immer ein Arbeitsblatt mit dem Namen „Die ersten 3 Schritte". Hier vergeben sich die Teilnehmer ihre ersten drei Hausaufgaben und zwar immer mit Zeitziel.

Das könnte also sein: 1. Kunden- und Interessentenadressen nach den Stufen des NFS selektieren; 2. Referenzmappe für das nächste Kundengespräch zusammenstellen; 3. beim nächsten Angebot zum ersten Mal die „3-Vorschlagsmethode" ausprobieren. 1. = bis 25. Mai; 2. = bis 01. Juni und 3. = verlorenes Angebot Firma Mayer sofort nacharbeiten.

Ja, liebe Leserin / lieber Leser, Sie lesen richtig, es ist eine beliebte Übung von uns Angebote, die von potentiellen Kunden als nicht preisgerecht zurückgewiesen wurden mit drei Vorschlägen noch einmal nachzuarbeiten. Das hat mehrere Vorteile: 1. wie Günter Schüly, der Kollege mit dem Bananenmail, immer sagt: „Was kann Ihnen passieren, keinen Auftrag haben Sie schon!", das bedeutet, wir brauchen überhaupt keine Angst zu haben, dass wir etwas falsch machen; 2. wir verblüffen den potentiellen Auftraggeber mit solch einer Vorgehensweise, denn das ist er sicher nicht gewohnt, das sich ein Anbieter, der nicht im ersten Anlauf zum Zuge kommt, nochmals Gedanken um seinen künftigen Kunden macht und mit kreativen Vorschlägen „nacharbeitet", und 3. wir erleben jetzt plötzlich, dass wir selbst viel kreativer und viel freier mit der Situation umgehen können, wenn wir wissen, dass wir „nichts zu verlieren" haben.

Wenn wir allerdings dann erleben, dass der Kunde, der vorher das Angebot wegen des zu hohen Preises zurückgewiesen hat, plötzlich den Vorschlag drei wählt, also das viel höhere Angebot, weil er darin für sich einen größeren Nutzen sieht, dann passiert es immer wieder, dass Seminarteilnehmer bei mir anrufen und sagen: „Ich könnte mir die Haare ausraufen, wenn ich daran denke, was ich in den letzten Jahren verschenkt habe, weil ich immer um den ´günstigsten´ Preis gekämpft habe!" Bringt aber nix, das mit dem Haare ausrupfen, besser die ganze Energie in den konsequenten Aufbau des eigenen Marketingsystems stecken.

Schritt für Schritt mit konkreten Zeitzielen das System einführen!

So wird dann Schritt für Schritt zielgerichtet und konsequent das NFS im Unternehmen ein- und umgesetzt. Immer ein bis maximal drei Schritte planen, Hausaufgaben vergeben mit Zeitziel und los geht es. Diese nach Projekten gestaffelte Vorgehensweise haben wir uns wieder von den Leuten abgeschaut, die Qualitätsmanagement machen. Planen – Tun – Kontrollieren und aus den Kontrollergebnissen dann die neue Planung ableiten.

Wenn wir, zum Beispiel für die Motivierung der Mitarbeiter, mal schnelle Erfolge haben wollen, dann haben sich vor allem im ganzen Dienstleistungsbereich öffentliche Veranstaltungen wie „Tag der offenen Tür" sehr gut bewährt. Wenn solche Veranstaltungen gut vorausgeplant werden, dann bringen sie immer auch gute Erfolge und sind ein Motivationsschub für die ganze Mannschaft. Das ist wie bei einer Messebeteiligung, die einen ziehen sich vom Messegeschäft zurück, weil die Kosten drücken und die anderen machen dort so viel „Markt", dass sie darüber klagen, dass es nicht genug Messen für sie gibt.

... Schritt für Schritt mit konsequenter und zielgerichteter Umsetzung zum Ziel !

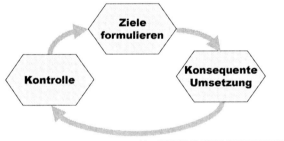

© Copyright 2004*DIALOG-PARTNER-ANTON-DOSTAL*D-65817 Eppstein

Zurück zu unserem Jahresplan, folgende Faktoren sind wichtig:
1. **Ziele,**
2. **wer macht was,**
3. **Zeitziel**
4. **Tools (Werkzeuge),**
5. **Kosten und**
6. **welches Ergebnis haben wir erzielt.**

Das ist nichts anderes als ganz normale Projektarbeit und soll auch genauso ablaufen.

Bitte die Ziele lieber wie im Kapitel mit den Unternehmenszielen in die kleinsten sinnvollen Schritte zerlegen. Zu komplexe und hochtrabende Ziele erschweren die Umsetzung und man verliert

Das Nachfrage-Sog-System
Der Weg zum Stammkunden

Der NACHFRAGE-SOG-SYSTEM - Jahresplaner

Jahr 200...	Halbjahr 1	Halbjahr 2	Erfolge
Maßnahmen			
Erstkontakt-Mailing 1	01.04.2007 72 Briefe		16 Rückläufe

© Copyright 2004*DIALOG-PARTNER-ANTON-DOSTAL*D-65817 Eppstein

schnell den Überblick. Und immer wieder Erfolge messen, eventuell korrigieren und dann geht's wieder von vorne los. So „schrauben" wir uns langsam aber sicher Schritt für Schritt in unseren ganz persönlichen Markt.
Kreativ und mit ständigem Blick auf den Kundennutzen und die Kundenwünsche.

Eine sehr beliebte und gleichsam auch sehr wirkungsvolle Marketingmaßnahme zum Beginnen und/oder Üben, ist der „Tag der offenen Tür". Anhand solch einer Veranstaltung kann man die einzelnen Schritte, von der Zielgruppenselektierung über den gezielten Einladungsversand mit Responsmittel bis hin zur erfolgsorientierten Nachbearbeitung gut üben.

Solche Veranstaltungen bringen, wenn sie sauber geplant und durch-geführt werden, immer gewisse schnelle Erfolge und somit für die gesamte Mannschaft auch einen gute Motivation. Dabei ist es völlig egal, ob wir einen Handwerksbetrieb, eine Steuer- oder Rechtsanwaltskanzlei oder einen Produktionsbetrieb haben. Hier kann Kundenbegeisterung geübt und erlebt werden.

Auch hierbei schauen wir einmal über unseren berühmten Tellerrand hinaus, was denn so die ganz großen machen. Die, die sich für ihr Marketing von Wissenschaftlern beraten lassen. Und was sehen wir da, jede Menge „Tage der offenen Tür". Oder was glauben wir denn, was ein verkaufsoffener Sonntag oder gar die „Autostadt zum Anfassen" ist?

Das sind alles Events, die mehr Kundenbindung und vor allem Kundenbegeisterung bringen. Da gehen wir dann hin, schauen uns die 100.000-Euro-Schlitten an, sind begeistert und hoffen, dass ein bisschen davon auch auf unseren Mitteklassewagen abgefärbt hat. Wir sehen also, alles Emotionen! Na ja, und wir wissen ja jetzt: „Wenn wir es schon kennen, können wir es auch nutzen!"

Zum guten Schluss

Das DIALOG-PARTNER-1:1-Marketing-System arbeitet mit dem – in diesem Buch beschriebenen - dynamischen und erfolgreichen Nachfrage-Sog-System. Es ist ein in sich geschlossenes und schlüssiges System zur Marktbearbeitung. Es ist ein bewährtes und viele tausend Mal erprobtes Instrument des so genannten 1:1 – Marketings. Was aber genau ist denn nun 1:1 – Marketing? Nach der von mir bevorzugten Definition des amerikanischen Marketing-Professors Philip Kotler (*12) definiert es sich wie folgt dargestellt.

Was ist 1:1 – Marketing?

Massenmarketing	1:1-Marketing
Durschschnittskunde	Individueller Kunde
anonymer Kunde	Kundenprofil
Standardprodukt	Individualisiertes Produkt
Massenproduktion	Individuelle Produktion
Massendistribution	persönliche Lieferung
Massenwerbung	Individuelle Kommunikation
Massenverkaufsförderung	persönliche Incentives
Einweg-Kommunikation	Mehrweg-Kommunikation, Interaktivität
Economies of Scale	Economies of Scope
Marktanteil	Kundenanteil
alle Kunden	profitable Kunden
Kundengewinnung	Kundenbindung

Kotler/Bliemel (Marketing-Management, Stuttgart 1998, S. 1122)   © Copyright 04/2007*DIALOG-PARTNER-ANTON-DOSTAL*D-65817 Eppstein

Meine ganz persönliche Definition lautet: „1:1 – Marketing" ist Marketing für Menschen und Unternehmen, die ihre Leistungen jeden Tag ganz persönlich auf dem Markt verkaufen müssen – und dürfen – von Mensch zu Mensch!" Und ich halte das für eine ganz große Chance gerade in der heutigen Zeit, in einer Zeit, in der das Thema Vertrauen immer wichtiger und wichtiger für uns alle wird. In einer Zeit, in der wir alle von Massenwerbung zunehmend abgestoßen werden und darauf mit zunehmender

Verunsicherung reagieren. 1:1 – Marketing bedeutet eigentlich nichts anderes, als das der einzelne Kunde mit all seinen Bedürfnissen, seinem Nutzen und seinen Wünschen im Mittelpunkt der Betrachtung der Kunden (= so wie wir unsere Kunden betrachten), der Zielgruppe und aller Aktivitäten unseres Betriebes steht.

Und ist es nicht genau das, was sich eigentlich jeder von uns jeden Tag wünscht: ernst genommen werden, akzeptiert werden als Individuum – als Mensch. Wie eingangs schon geschildert bin ich in Bezug auf das Marketing ein so genannter „Spätberufener". Ich habe zu diesem Thema gefunden in einer wirtschaftlich äußerst prekären Situation. Vereinfacht und auf gut Deutsch gesagt, ich war pleite. Aus dieser Situation heraus habe ich mir viele Gedanken gemacht, wie es dazu kommen konnte.

Zuerst habe ich natürlich die betriebswirtschaftlichen Dinge geprüft oder besser von „Fachleute" prüfen lassen und man hat mir vorgerechnet, was und wo ich hätte sparen können, was und wo ich hätte optimieren können und so weiter. Dann aber habe ich glücklicher Weise die Unternehmensstrategie von Prof. Wolfgang Mewes kennen gelernt und den EKS-Lehrgang belegt. Das hat zu einer völlig anderen Sicht der Dinge geführt und mich und meine Familie sehr bald wieder aus der damaligen Zwangslage befreit.

Nicht noch mehr Kosten sparen, nicht noch mehr über Betriebswirtschaft lernen, sondern sich auf die wirklich erfolgreich machenden Dinge zu konzentrieren und zwar kompromisslos. Die anderen wichtigen Dinge, die kann man dann sozusagen zukaufen oder entsprechend dem sechsten Schritt der EKS kooperativ lösen. Das setzt eine aufwärtsgerichtete Spirale in Gang, die in relativ kurzer Zeit zu einer nie für möglich gehaltenen Beschleunigung führt.

Am Anfang gehört schon ein bisschen Mut dazu, weil wir in unserem Ausbildungssystem nicht zu solchem Denken erzogen wurden. Wenn sich die ersten Erfolge dann einstellen macht es aber nur noch Spaß. Und den wünsche ich uns allen, Spaß und Erfolg bei der Arbeit, denn mit der verbringen die meisten von uns die meiste Zeit ihres Lebens.

Wer tagtäglich mit Spaß und Freude seine Arbeit verrichten kann und dabei auch noch einen gewissen wirtschaftlichen Erfolg erzielt, der löst damit oft viele andere Probleme des Lebens quasi automatisch mit.

Auf den Kundennutzen ausgerichtet

Im Kreise der EKSler habe ich über die Jahre hinweg viele Menschen kennen gelernt, die diese international anerkannte Managementlehre sehr erfolgreich um- und eingesetzt haben. Dazu zählt auch Horst-Sven Berger, der Gründer des Nachfrage-Sog-Systems, welches die Grundlage von DIALOG-PARTNER 1:1-Marketing ist. Dieses systematische und systemische Marketing ist sozusagen gelebte EKS und EKS ist nichts anderes als die konsequente Ausrichtung auf den Kundennutzen und das zielgerichtete Lösen der Engpässe unserer Kunden.

Von der Seite des Marketings aus gesehen ist es aber wichtig, immer zuerst die von unseren Kunden „am dringendsten *empfundenen*" Engpässe zu lösen. Und das sind nicht immer die von *uns* (Fachleuten) als besonders dringend erkannten Engpässe. Die müssen wir als Fachleute, sozusagen im Beipack, lösen, sonst sind wir keine guten Fachleute und unser Geld nicht wert.

Das erwarten unsere Kunden – zu recht – als völlig selbstverständlich von uns. Genau das ist der Grund, warum es mehr als nur unsinnig ist, wenn wir mit unserer „fachlichen

Kompetenz" werben. Die sollte eigentlich völlig selbstverständlich sein. Sie als etwas Besonderes herausstellen zu wollen zeigt eher eine Schwäche als eine Stärke. Wer mit seiner „großen fachlichen Kompetenz und langjährigen Erfahrung", mit „mehrjähriger fehlerfreier Auftragserfüllung" wirbt, der zeigt seinen Interessenten und Kunden eigentlich nur, dass er eine total introvertierte Sicht des Marktes besitzt, sich ausschließlich auf seine eigenen Belange konzentriert.

Der signalisiert: „Mir sind die Probleme, der Nutzen, der tatsächliche Bedarf und die Wünsche der Kunden völlig egal". Seine Kompetenz und sein eigenes gutes Aussehen sind ihm wichtiger. Ich weiß, dass das für viele, die das eben gelesen haben, mehr als provokativ ist und sich mancher denkt, was soll denn das sein?

Aber ich habe die Bitte an Sie liebe Leserin / lieber Leser, lassen sie die vorgenannten Sätze einfach einmal ein paar Tage auf sich wirken. Vielleicht sind Sie bereit diese scheinbare Provokation auf ein Blatt Papier zu schreiben und sich jeden Morgen einmal durchzulesen?

Vielleicht wollen Sie auch einmal mit mir darüber reden, mir ein paar Zeilen dazu schreiben, Ihre eigenen Gedanken und Vorstellungen mir mitteilen.

Wie auch immer, lesen Sie doch noch einmal die Einleitung zu diesem Buch durch und erinnern sich an meine Einladung zu einem Tag auf dem Mainzer Markt. Unten finden Sie meine E-Mail-Adresse und ich versichere Ihnen hier, dass ich für alle Ihre Anregungen, Fragen, Vorstellungen und natürlich auch für Ihre Wünsche ein offenes Ohr haben werde.

Vielleicht werde ich gerade unterwegs sein und einen meiner vielen Vorträge halten oder ein Seminar und deshalb etwas verspätet antworten, ich werde aber *immer* antworten und ich werde dies auch immer von ganzem Herzen tun. Das verspreche ich.

Wie geht es jetzt weiter?

Wenn Sie erfolgreich werden wollen, wenn Sie Ihren Erfolg beschleunigen wollen oder wenn Sie in Zukunft mit vielen Stammkunden Ihr eigenes Unternehmen absichern wollen, dann empfehle ich Ihnen schnellst möglich in unser **Startmodul** zu kommen. Dort starten wir – wie der Name schon sagt – Ihren persönlichen Erfolg, mit ganz konkreten Umsetzungsschritten. Die Termine des monatlich stattfindenden Startmoduls finden Sie auf unserer Homepage.

Ihr Marktmann und DIALOG-PARTNER

Anton Dostal

Bezirksstraße 23
D-65817 Eppstein/Ts.
Fon: 0049(0)6198 – 3 44 28
Fax: 0049(0)6198 – 81 44

a-d@dialog-partner.com
www.dialog-partner.com

Informationen über die EKS bekommen Sie im:
www.strategiecentrum-kronberg.de und bei www.strategie.net

Nachsatz

Mein besonderer Dank gilt allen, die mit ihren Ideen und Beispielen zum Gelingen dieses Buches beigetragen haben. Ganz besonders möchte ich mich bei Karin von Schmidt-Pauli aus München bedanken, die das Buch Korrektur gelesen hat.

Literaturhinweis

Nr.	Autor / Titel
	NACHFRAGE-SOG-SYSTEM © Copyright beim Promoterverlag, 61476 Kronberg/Taunus. Homepage Horst-Sven Berger: http://www.promoter.de
* 1	Geffroy, Edgar K.: Das Einzige, was stört, ist der Kunde. Clienting ersetzt Marketing. 16., völlig überarb. Aufl., Landsberg: Verlag Moderne Industrie, 2005. Homepage Edgar Geffroy: http://www.geffroy.de
* 2	Häusel, Hans-Georg: Brain View. Warum Kunden kaufen. 2. Aufl., Freiburg: Haufe Verlag, 2008.
* 3	Friedrich, Kerstin et al.: Das neue 1 x 1 der Erfolgsstrategie. EKS-Erfolg durch Spezialisierung. 9., völlig überarb. Aufl., Offenbach: GABAL Verlag, 2006.
* 4	Haderstorfer, Rudolf: Auftragsvorratssteuerung als innovative Akquisitionspolitik gegen Absatzschwankungen im Landschaftsbau-Betrieb. München, Techn. Univ., Diss., 1996.
* 5	Mewes, Wolfgang: Mit Nischenstrategie zur Marktführerschaft. Strategie-Handbuch für mittelständische Unternehmen. Bd. 1. Hrsg. von der Beratergruppe Strategie. Zürich: Orell Füssli Verlag, 2000. Mewes, Wolfgang: Mit Nischenstrategie zur Marktführerschaft.

	Strategie-Handbuch für mittelständische Unternehmen. Bd. 2. Hrsg. von der Beratergruppe Strategie. Zürich: Orell Füssli Verlag, 2001.
* 6	Häusel, Hans-Georg: Limbic Success. 2. Aufl., Freiburg: Haufe Verlag, 2006.
* 7	Dr. Kerstin Friedrich: Kompetenzen entwickeln; Kerngeschäft ausbauen; Konkurrenz überholen. Frankfurt: Redline Wirtschaft, bei Verlag Moderne Industrie, 2003.
* 8	Vögele, Siegfried: Dialogmethode. Das Verkaufsgespräch per Brief und Antwortkarte. 12. Aufl., unveränd. Nachdruck, Landsberg: Verlag Moderne Industrie, 2005
* 9	Amann; Marcus: Profitables Internetmarketing. http://www.amann.de
* 10	Covey; Steven R.: Die 7 Wege zur Effektivität. 11., vollst. überarb. Aufl., München: Heyne Verlag, 2000.
* 11	Lutz, Dieter et al.: Marketing für Steuerkanzleien. München: C. H. Beck Verlag, 2002.
* 12	Kotler, Philip et al.: Marketing-Management. 12., akt. Aufl., München: Pearson Studium, 2007.
* 13	Geffroy, Edgar K.: Schneller als der Kunde: Exnovation statt Innovation. Berlin: Econ Verlag, 2007.
*14	Lundin, Stephen C. et al.: FISH. Ein ungewöhnliches Motivationsbuch. Frankfurt: Redline Wirtschaft, 2005.

Der Autor

1950 geboren in Frankfurt am Main. Bauingenieurstudium in Frankfurt am Main.
Seit 1972 Erfahrung im Aufbau und Führen von Unternehmen.
Seit 1982 selbstständig. 1988 EKS©-Lehrgang.
Seit 1988 Tätigkeit als Berater, Seminaranbieter, Buchautor, Referent und Speaker. 1992 Nachfrage-Sog-System Seminar.
Seit 1992 Anwender und Referent für das dynamische und erfolgreiche Nachfrage-Sog-System. Seit mehr als 13 Jahren Beschäftigung mit der gehirngerechten Kunden-Ansprache (limbisches System) nach den Erkenntnissen der Gehirnforschung der letzten 25 Jahre.
Leiter des StrategieCentrum-Kronberg (www.strategiecentrum-kronberg.de)